最新法律文件解读丛书

民事
法律文件解读

MINSHI FALÜ WENJIAN JIEDU

人民法院出版社　编

总第 237 辑　2024.09

人 民 法 院 出 版 社

图书在版编目（CIP）数据

民事法律文件解读. 总第237辑 / 人民法院出版社编. 北京 : 人民法院出版社, 2024. 11. -- (最新法律文件解读丛书). -- ISBN 978-7-5109-4321-8

Ⅰ. D923.05; D925.105

中国国家版本馆CIP数据核字第2024J7L170号

民事法律文件解读·总第237辑

人民法院出版社　编

责任编辑　杨　洁
出版发行　人民法院出版社
地　　址　北京市东城区东交民巷27号　邮编　100745
电　　话　(010)67550656(责任编辑)　67550558(发行部查询)
　　　　　　65223677(读者服务部)
客服QQ　2092078039
网　　址　http://www.courtbook.com.cn
E - mail　courtbook@sina.com
印　　刷　三河市国英印务有限公司
经　　销　新华书店
开　　本　787毫米×1092毫米　1/16
字　　数　115千字
印　　张　8
版　　次　2024年11月第1版　　2024年11月第1次印刷
书　　号　ISBN 978-7-5109-4321-8
定　　价　28.00元

卷首语

文物保护法由中华人民共和国第十四届全国人民代表大会常务委员会第十二次会议于2024年11月8日修订通过，自2025年3月1日起施行。此次修订文物保护法，将我国文物工作取得的历史性成就和宝贵经验上升为法律，进一步完善了文物法律制度框架，推动了文物工作法治化、规范化、制度化，为推进实现文物领域治理体系和治理能力现代化提供了更好法治保障。本辑收录了文物保护法及其修订草案的说明，以便读者在司法实践中更加全面地理解和准确适用该法。

为推动全国检察机关全面准确落实、健全完善司法责任制，为“高质效办好每一个案件”提供更加坚实的制度保障，努力让人民群众在每一个司法案件中感受到公平正义，最高人民检察院于2024年7月4日公布了《最高人民检察院关于人民检察院全面准确落实司法责任制的若干意见》。本辑重点收录了该意见及其解读文章。

此外，在“新类型疑难案例选评”栏目，本辑收录了《颜某诉腾某公司名誉权纠纷案》一文。该案的裁判表明：网络服务提供者为履行保障网络安全和提供健康有序网络环境的职责，在通过自身制定的风险判断规则，合理判断用户账号可能存在网络诈骗等违法犯罪的情况下，出于保护其他用户个人隐私和财产安全的社会公共利益目的，对用户账号采取的风险提示等处置措施符合互联网技术的客观中立性特征。因网络服务提供者主观上不具有过错，用户主张网络服务提供者承担侵权责任的，法院不予支持。该案的裁判思路可供法官审理类似案件时参考。

最新法律文件解读丛书
编 辑 部

兰丽专 （010）67550626

丁丽娜 （010）67550608

周　敏 （010）67550562

杨　洁 （010）67550656

路建华 （010）67550682

丁塞峨 （010）67550656

投稿邮箱：

《刑事法律文件解读》 xingshijiedu@ 163. com

《民事法律文件解读》 1216921515@ qq. com

《商事法律文件解读》 shangshijiedu@ 126. com

《行政与执行法律文件解读》 1290312696@ qq. com

目录

法律、法律性文件与解读

司法解释、司法指导性文件与解读

地方司法业务文件与解读

指导案例、典型案例与解读

法答网精选答问

新类型疑难案例选评

法律、法律性文件与解读

中华人民共和国文物保护法

(1982年11月19日第五届全国人民代表大会常务委员会第二十五次会议通过　根据1991年6月29日第七届全国人民代表大会常务委员会第二十次会议《关于修改〈中华人民共和国文物保护法〉第三十条、第三十一条的决定》第一次修正　2002年10月28日第九届全国人民代表大会常务委员会第三十次会议第一次修订　根据2007年12月29日第十届全国人民代表大会常务委员会第三十一次会议《关于修改〈中华人民共和国文物保护法〉的决定》第二次修正　根据2013年6月29日第十二届全国人民代表大会常务委员会第三次会议《关于修改〈中华人民共和国文物保护法〉等十二部法律的决定》第三次修正　根据2015年4月24日第十二届全国人民代表大会常务委员会第十四次会议《关于修改〈中华人民共和国文物保护法〉的决定》第四次修正　根据2017年11月4日第十二届全国人民代表大会常务委员会第三十次会议《关于修改〈中华人民共和国会计法〉等十一部法律的决定》第五次修正　2024年11月8日第十四届全国人民代表大会常务委员会第十二次会议第二次修订)

目　　录

第一章　总　　则

第一条　为了加强对文物的保护，传承中华民族优秀历史文化遗产，促进科学研究工作，进行爱国主义和革命传统教育，增强历史自觉、坚定文化自信，建设社会主义精神文明和物质文明，根据宪法，制定本法。

第二条　文物受国家保护。本法所称文物，是指人类创造的或者与人类活动有关的，具有历史、艺术、科学价值的下列物质遗存：

（一）古文化遗址、古墓葬、古建筑、石窟寺和古石刻、古壁画；

（二）与重大历史事件、革命运动或者著名人物有关的以及具有重要纪念意义、教育意义或者史料价值的近代现代重要史迹、实物、代表性建筑；

（三）历史上各时代珍贵的艺术品、工艺美术品；

（四）历史上各时代重要的文献资料、手稿和图书资料等；

（五）反映历史上各时代、各民族社会制度、社会生产、社会生活的代表性实物。

文物认定的主体、标准和程序，由国务院规定并公布。

具有科学价值的古脊椎动物化石和古人类化石同文物一样受国家

保护。

第三条 文物分为不可移动文物和可移动文物。

古文化遗址、古墓葬、古建筑、石窟寺、古石刻、古壁画、近代现代重要史迹和代表性建筑等不可移动文物，分为文物保护单位和未核定公布为文物保护单位的不可移动文物（以下称未定级不可移动文物）；文物保护单位分为全国重点文物保护单位，省级文物保护单位，设区的市级、县级文物保护单位。

历史上各时代重要实物、艺术品、工艺美术品、文献资料、手稿、图书资料、代表性实物等可移动文物，分为珍贵文物和一般文物；珍贵文物分为一级文物、二级文物、三级文物。

第四条 文物工作坚持中国共产党的领导，坚持以社会主义核心价值观为引领，贯彻保护为主、抢救第一、合理利用、加强管理的方针。

第五条 中华人民共和国境内地下、内水和领海中遗存的一切文物，以及中国管辖的其他海域内遗存的起源于中国的和起源国不明的文物，属于国家所有。

古文化遗址、古墓葬、石窟寺属于国家所有。国家指定保护的纪念建筑物、古建筑、古石刻、古壁画、近代现代代表性建筑等不可移动文物，除国家另有规定的以外，属于国家所有。

国有不可移动文物的所有权不因其所依附的土地的所有权或者使用权的改变而改变。

第六条 下列可移动文物，属于国家所有：

（一）中国境内地下、内水和领海以及中国管辖的其他海域内出土、出水的文物，国家另有规定的除外；

（二）国有文物收藏单位以及其他国家机关、部队和国有企业、事业单位等收藏、保管的文物；

（三）国家征集、购买或者依法没收的文物；

（四）公民、组织捐赠给国家的文物；

（五）法律规定属于国家所有的其他文物。

国有可移动文物的所有权不因其收藏、保管单位的终止或者变更而改变。

第七条 国有文物所有权受法律保护，不容侵犯。

属于集体所有和私人所有的纪念建筑物、古建筑和祖传文物以及依法取得的其他文物，其所有权受法律保护。文物的所有者必须遵守国家有关文物保护的法律、法规的规定。

第八条 一切机关、组织和个人都有依法保护文物的义务。

第九条 国务院文物行政部门主管全国文物保护工作。

地方各级人民政府负责本行政区域内的文物保护工作。县级以上地方人民政府文物行政部门对本行政区域内的文物保护实施监督管理。

县级以上人民政府有关部门在各自的职责范围内，负责有关的文物保护工作。

第十条 国家发展文物保护事业，贯彻落实保护第一、加强管理、挖掘价值、有效利用、让文物活起来的工作要求。

第十一条 文物是不可再生的文化资源。各级人民政府应当重视文物保护，正确处理经济建设、社会发展与文物保护的关系，确保文物安全。

基本建设、旅游发展必须把文物保护放在第一位，严格落实文物保护与安全管理规定，防止建设性破坏和过度商业化。

第十二条 对与中国共产党各个历史时期重大事件、重要会议、重要人物和伟大建党精神等有关的文物，各级人民政府应当采取措施加强保护。

第十三条 县级以上人民政府应当将文物保护事业纳入本级国民经济和社会发展规划，所需经费列入本级预算，确保文物保护事业发展与国民经济和社会发展水平相适应。

国有博物馆、纪念馆、文物保护单位等的事业性收入，纳入预算管理，用于文物保护事业，任何单位或者个人不得侵占、挪用。

国家鼓励通过捐赠等方式设立文物保护社会基金，专门用于文物保护，任何单位或者个人不得侵占、挪用。

第十四条 县级以上人民政府及其文物行政部门应当加强文物普查和专项调查，全面掌握文物资源及保护情况。

县级以上人民政府文物行政部门加强对国有文物资源资产的动态管理，按照国家有关规定，及时报送国有文物资源资产管理情况的报告。

第十五条 国家支持和规范文物价值挖掘阐释，促进中华文明起源与发展研究，传承中华优秀传统文化，弘扬革命文化，发展社会主义先进文化，铸牢中华民族共同体意识，提升中华文化影响力。

第十六条 国家加强文物保护的宣传教育，创新传播方式，增强全民文物保护的意识，营造自觉传承中华民族优秀历史文化遗产的社会氛围。

新闻媒体应当开展文物保护法律法规和文物保护知识的宣传报道，并依法对危害文物安全、破坏文物的行为进行舆论监督。

博物馆、纪念馆、文物保管所、考古遗址公园等有关单位应当结合参观游览内容有针对性地开展文物保护宣传教育活动。

第十七条 国家鼓励开展文物保护的科学研究，推广先进适用的文物保护技术，提高文物保护的科学技术水平。

国家加强文物保护信息化建设，鼓励开展文物保护数字化工作，推进文物资源数字化采集和展示利用。

国家加大考古、修缮、修复等文物保护专业人才培养力度，健全人才培养、使用、评价和激励机制。

第十八条 国家鼓励开展文物利用研究，在确保文物安全的前提下，坚持社会效益优先，有效利用文物资源，提供多样化多层次的文化产品与服务。

第十九条 国家健全社会参与机制，调动社会力量参与文化遗产保护的积极性，鼓励引导社会力量投入文化遗产保护。

第二十条 国家支持开展考古、修缮、修复、展览、科学研究、执法、司法等文物保护国际交流与合作，促进人类文明交流互鉴。

第二十一条 县级以上人民政府文物行政部门或者有关部门应当公开投诉、举报方式等信息，及时受理并处理涉及文物保护的投诉、举报。

第二十二条 有下列事迹之一的单位或者个人，按照国家有关规定给予表彰、奖励：

（一）认真执行文物保护法律、法规，保护文物成绩显著的；

（二）为保护文物与违法犯罪行为作坚决斗争的；

（三）将收藏的重要文物捐献给国家或者向文物保护事业捐赠的；

（四）发现文物及时上报或者上交，使文物得到保护的；

（五）在考古发掘、文物价值挖掘阐释等工作中做出重大贡献的；

（六）在文物保护科学技术方面有重要发明创造或者其他重要贡献的；

（七）在文物面临破坏危险时，抢救文物有功的；

（八）长期从事文物工作，做出显著成绩的；

（九）组织、参与文物保护志愿服务，做出显著成绩的；

（十）在文物保护国际交流与合作中做出重大贡献的。

第二章 不可移动文物

第二十三条 在文物普查、专项调查或者其他相关工作中发现的不可移动文物，应当及时核定公布为文物保护单位或者登记公布为未定级不可移动文物。公民、组织可以提出核定公布文物保护单位或者登记公布未定级不可移动文物的建议。

国务院文物行政部门在省级和设区的市级、县级文物保护单位中，选择具有重大历史、艺术、科学价值的确定为全国重点文物保护单位，或者直接确定为全国重点文物保护单位，报国务院核定公布。

省级文物保护单位，由省、自治区、直辖市人民政府核定公布，并报国务院备案。

设区的市级和县级文物保护单位，分别由设区的市、自治州人民政府和县级人民政府核定公布，并报省、自治区、直辖市人民政府备案。

未定级不可移动文物，由县级人民政府文物行政部门登记，报本级人民政府和上一级人民政府文物行政部门备案，并向社会公布。

第二十四条 在旧城区改建、土地成片开发中，县级以上人民政府应当事先组织进行相关区域内不可移动文物调查，及时开展核定、登记、公布工作，并依法采取保护措施。未经调查，任何单位不得开工建设，防止建设性破坏。

第二十五条 保存文物特别丰富并且具有重大历史价值或者革命纪念意义的城市，由国务院核定公布为历史文化名城。

保存文物特别丰富并且具有重大历史价值或者革命纪念意义的城镇、街道、村庄，由省、自治区、直辖市人民政府核定公布为历史文化街区、村镇，并报国务院备案。

历史文化名城和历史文化街区、村镇所在地县级以上地方人民政府应当组织编制专门的历史文化名城和历史文化街区、村镇保护规划，并纳入有关规划。

历史文化名城和历史文化街区、村镇的保护办法，由国务院制定。

第二十六条 各级文物保护单位，分别由省、自治区、直辖市人民政府和设区的市级、县级人民政府划定公布必要的保护范围，作出标志说明，建立记录档案，并区别情况分别设置专门机构或者专人负责管理。全国重点文物保护单位的保护范围和记录档案，由省、自治区、直辖市人民政府文物行政部门报国务院文物行政部门备案。

未定级不可移动文物，由县级人民政府文物行政部门作出标志说明，建立记录档案，明确管理责任人。

县级以上地方人民政府文物行政部门应当根据不同文物的保护需要，制定文物保护单位和未定级不可移动文物的具体保护措施，向本级人民政府报告，并公告施行。

文物行政部门应当指导、鼓励基层群众性自治组织、志愿者等参与不可移动文物保护工作。

第二十七条　各级人民政府制定有关规划，应当根据文物保护的需要，事先由有关部门会同文物行政部门商定本行政区域内不可移动文物的保护措施，并纳入规划。

县级以上地方人民政府文物行政部门根据文物保护需要，组织编制本行政区域内不可移动文物的保护规划，经本级人民政府批准后公布实施，并报上一级人民政府文物行政部门备案；全国重点文物保护单位的保护规划由省、自治区、直辖市人民政府批准后公布实施，并报国务院文物行政部门备案。

第二十八条　在文物保护单位的保护范围内不得进行文物保护工程以外的其他建设工程或者爆破、钻探、挖掘等作业；因特殊情况需要进行的，必须保证文物保护单位的安全。

因特殊情况需要在省级或者设区的市级、县级文物保护单位的保护范围内进行前款规定的建设工程或者作业的，必须经核定公布该文物保护单位的人民政府批准，在批准前应当征得上一级人民政府文物行政部门同意；在全国重点文物保护单位的保护范围内进行前款规定的建设工程或者作业的，必须经省、自治区、直辖市人民政府批准，在批准前应当征得国务院文物行政部门同意。

第二十九条　根据保护文物的实际需要，经省、自治区、直辖市人民政府批准，可以在文物保护单位的周围划出一定的建设控制地带，并予以公布。

在文物保护单位的建设控制地带内进行建设工程，不得破坏文物保护单位的历史风貌；工程设计方案应当根据文物保护单位的级别和建设工程对文物保护单位历史风貌的影响程度，经国家规定的文物行政部门同意后，依法取得建设工程规划许可。

第三十条 在文物保护单位的保护范围和建设控制地带内，不得建设污染文物保护单位及其环境的设施，不得进行可能影响文物保护单位安全及其环境的活动。对已有的污染文物保护单位及其环境的设施，依照生态环境有关法律法规的规定处理。

第三十一条 建设工程选址，应当尽可能避开不可移动文物；因特殊情况不能避开的，应当尽可能实施原址保护。

实施原址保护的，建设单位应当事先确定原址保护措施，根据文物保护单位的级别报相应的文物行政部门批准；未定级不可移动文物的原址保护措施，报县级人民政府文物行政部门批准；未经批准的，不得开工建设。

无法实施原址保护，省级或者设区的市级、县级文物保护单位需要迁移异地保护或者拆除的，应当报省、自治区、直辖市人民政府批准；迁移或者拆除省级文物保护单位的，批准前必须征得国务院文物行政部门同意。全国重点文物保护单位不得拆除；需要迁移的，必须由省、自治区、直辖市人民政府报国务院批准。未定级不可移动文物需要迁移异地保护或者拆除的，应当报省、自治区、直辖市人民政府文物行政部门批准。

依照前款规定拆除国有不可移动文物，由文物行政部门监督实施，对具有收藏价值的壁画、雕塑、建筑构件等，由文物行政部门指定的文物收藏单位收藏。

本条规定的原址保护、迁移、拆除所需费用，由建设单位列入建设工程预算。

第三十二条 国有不可移动文物由使用人负责修缮、保养；非国有不可移动文物由所有人或者使用人负责修缮、保养，县级以上人民政府可以予以补助。

不可移动文物有损毁危险，所有人或者使用人不具备修缮能力的，县级以上人民政府应当给予帮助；所有人或者使用人具备修缮能力但拒不依法履行修缮义务的，县级以上人民政府可以给予抢救修缮，所需费用由所有人或者使用人承担。

对文物保护单位进行修缮，应当根据文物保护单位的级别报相应的文物行政部门批准；对未定级不可移动文物进行修缮，应当报县级人民政府文物行政部门批准。

文物保护单位的修缮、迁移、重建，由取得文物保护工程资质证书的单位承担。

对不可移动文物进行修缮、保养、迁移，必须遵守不改变文物原状和最小干预的原则，确保文物的真实性和完整性。

县级以上人民政府文物行政部门应当加强对不可移动文物保护的监督检查，及时发现问题隐患，防范安全风险，并督促指导不可移动文物所有人或者使用人履行保护职责。

第三十三条　不可移动文物已经全部毁坏的，应当严格实施遗址保护，不得在原址重建。因文物保护等特殊情况需要在原址重建的，由省、自治区、直辖市人民政府文物行政部门报省、自治区、直辖市人民政府批准；全国重点文物保护单位需要在原址重建的，由省、自治区、直辖市人民政府征得国务院文物行政部门同意后报国务院批准。

第三十四条　国有文物保护单位中的纪念建筑物或者古建筑，除可以建立博物馆、文物保管所或者辟为参观游览场所外，改作其他用途的，设区的市级、县级文物保护单位应当经核定公布该文物保护单位的人民政府文物行政部门征得上一级人民政府文物行政部门同意后，报核定公布该文物保护单位的人民政府批准；省级文物保护单位应当经核定公布该文物保护单位的省、自治区、直辖市人民政府文物行政部门审核同意后，报省、自治区、直辖市人民政府批准；全国重点文物保护单位应当由省、自治区、直辖市人民政府报国务院批准。国有未定级不可移动文物改作其他用途的，应当报告县级人民政府文物行政部门。

第三十五条 国有不可移动文物不得转让、抵押，国家另有规定的，依照其规定。建立博物馆、文物保管所或者辟为参观游览场所的国有不可移动文物，不得改作企业资产经营；其管理机构不得改由企业管理。

依托历史文化街区、村镇进行旅游等开发建设活动的，应当严格落实相关保护规划和保护措施，控制大规模搬迁，防止过度开发，加强整体保护和活态传承。

第三十六条 非国有不可移动文物不得转让、抵押给外国人、外国组织或者国际组织。

非国有不可移动文物转让、抵押或者改变用途的，应当报相应的文物行政部门备案。

第三十七条 县级以上人民政府及其有关部门应当采取措施，在确保文物安全的前提下，因地制宜推动不可移动文物有效利用。

文物保护单位应当尽可能向社会开放。文物保护单位向社会开放，应当合理确定开放时间和游客承载量，并向社会公布，积极为游客提供必要的便利。

为保护不可移动文物建立的博物馆、纪念馆、文物保管所、考古遗址公园等单位，应当加强对不可移动文物价值的挖掘阐释，开展有针对性的宣传讲解。

第三十八条 使用不可移动文物，必须遵守不改变文物原状和最小干预的原则，负责保护文物本体及其附属文物的安全，不得损毁、改建、添建或者拆除不可移动文物。

对危害不可移动文物安全、破坏不可移动文物历史风貌的建筑物、构筑物，当地人民政府应当及时调查处理；必要时，对该建筑物、构筑物依法予以拆除、迁移。

第三十九条 不可移动文物的所有人或者使用人应当加强用火、用电、用气等的消防安全管理，根据不可移动文物的特点，采取有针对性的消防安全措施，提高火灾预防和应急处置能力，确保文物安全。

第四十条 省、自治区、直辖市人民政府可以将地下埋藏、水下遗存的文物分布较为集中，需要整体保护的区域划定为地下文物埋藏区、水下文物保护区，制定具体保护措施，并公告施行。

地下文物埋藏区、水下文物保护区涉及两个以上省、自治区、直辖市的，或者涉及中国领海以外由中国管辖的其他海域的，由国务院文物行政部门划定并制定具体保护措施，报国务院核定公布。

第三章　考古发掘

第四十一条 一切考古发掘工作，必须履行报批手续；从事考古发掘的单位，应当取得国务院文物行政部门颁发的考古发掘资质证书。

地下埋藏和水下遗存的文物，任何单位或者个人都不得私自发掘。

第四十二条 从事考古发掘的单位，为了科学研究进行考古发掘，应当提出发掘计划，报国务院文物行政部门批准；对全国重点文物保护单位的考古发掘计划，应当经国务院文物行政部门审核后报国务院批准。国务院文物行政部门在批准或者审核前，应当征求社会科学研究机构及其他科研机构和有关专家的意见。

第四十三条 在可能存在地下文物的区域，县级以上地方人民政府进行土地出让或者划拨前，应当由省、自治区、直辖市人民政府文物行政部门组织从事考古发掘的单位进行考古调查、勘探。可能存在地下文物的区域，由省、自治区、直辖市人民政府文物行政部门及时划定并动态调整。

进行大型基本建设工程，或者在文物保护单位的保护范围、建设控制地带内进行建设工程，未依照前款规定进行考古调查、勘探的，建设单位应当事先报请省、自治区、直辖市人民政府文物行政部门组织从事考古发掘的单位在工程范围内有可能埋藏文物的地方进行考古调查、勘探。

考古调查、勘探中发现文物的，由省、自治区、直辖市人民政府文物行政部门根据文物保护的要求与建设单位共同商定保护措施；遇有重要发现的，由省、自治区、直辖市人民政府文物行政部门及时报国务院文物行政部门处理。由此导致停工或者工期延长，造成建设单位损失的，由县级以上地方人民政府文物行政部门会同有关部门听取建设单位意见后，提出处理意见，报本级人民政府批准。

第四十四条 需要配合进行考古发掘工作的，省、自治区、直辖市人民政府文物行政部门应当在勘探工作的基础上提出发掘计划，报国务院文物行政部门批准。国务院文物行政部门在批准前，应当征求社会科学研究机构及其他科研机构和有关专家的意见。

确因建设工期紧迫或者有自然破坏危险，对古文化遗址、古墓葬急需进行抢救发掘的，由省、自治区、直辖市人民政府文物行政部门组织发掘，并同时补办审批手续。

第四十五条 凡因进行基本建设和生产建设需要的考古调查、勘探、发掘，所需费用由建设单位列入建设工程预算。

县级以上人民政府可以通过适当方式对考古调查、勘探、发掘工作给予支持。

第四十六条 在建设工程、农业生产等活动中，任何单位或者个人发现文物或者疑似文物的，应当保护现场，立即报告当地文物行政部门；文物行政部门应当在接到报告后二十四小时内赶赴现场，并在七日内提出处理意见。文物行政部门应当采取措施保护现场，必要时可以通知公安机关或者海上执法机关协助；发现重要文物的，应当立即上报国务院文物行政部门，国务院文物行政部门应当在接到报告后十五日内提出处理意见。

依照前款规定发现的文物属于国家所有，任何单位或者个人不得哄抢、私分、藏匿。

第四十七条 未经国务院文物行政部门报国务院特别许可，任何外国人、外国组织或者国际组织不得在中国境内进行考古调查、勘探、发掘。

第四十八条 考古调查、勘探、发掘的结果，应当如实报告国务院文物行政部门和省、自治区、直辖市人民政府文物行政部门。

考古发掘的文物，应当登记造册，妥善保管，按照国家有关规定及时移交给由省、自治区、直辖市人民政府文物行政部门或者国务院文物行政部门指定的国有博物馆、图书馆或者其他国有收藏文物的单位收藏。经省、自治区、直辖市人民政府文物行政部门批准，从事考古发掘的单位可以保留少量出土、出水文物作为科研标本。

考古发掘的文物和考古发掘资料，任何单位或者个人不得侵占。

第四十九条 根据保证文物安全、进行科学研究和充分发挥文物作用的需要，省、自治区、直辖市人民政府文物行政部门经本级人民政府批准，可以调用本行政区域内的出土、出水文物；国务院文物行政部门经国务院批准，可以调用全国的重要出土、出水文物。

第四章 馆藏文物

第五十条 国家鼓励和支持文物收藏单位收藏、保护可移动文物，开展文物展览展示、宣传教育和科学研究等活动。

有关部门应当在设立条件、社会服务要求、财税扶持政策等方面，公平对待国有文物收藏单位和非国有文物收藏单位。

第五十一条 博物馆、图书馆和其他文物收藏单位对其收藏的文物（以下称馆藏文物），必须按照国家有关文物定级标准区分文物等级，设置档案，建立严格的管理制度，并报主管的文物行政部门备案。

县级以上地方人民政府文物行政部门应当建立本行政区域内的馆藏文物档案；国务院文物行政部门应当建立全国馆藏一级文物档案和其主管的国有文物收藏单位馆藏文物档案。

第五十二条 文物收藏单位可以通过下列方式取得文物：

（一）购买；

（二）接受捐赠；

（三）依法交换；

（四）法律、行政法规规定的其他方式。

国有文物收藏单位还可以通过文物行政部门指定收藏或者调拨方式取得文物。

文物收藏单位应当依法履行合理注意义务，对拟征集、购买文物来源的合法性进行了解、识别。

第五十三条 文物收藏单位应当根据馆藏文物的保护需要，按照国家有关规定建立、健全管理制度，并报主管的文物行政部门备案。未经批准，任何单位或者个人不得调取馆藏文物。

文物收藏单位的法定代表人或者主要负责人对馆藏文物的安全负责。文物收藏单位的法定代表人或者主要负责人离任时，应当按照馆藏文物档案办理馆藏文物移交手续。

第五十四条 国务院文物行政部门可以调拨全国的国有馆藏文物。省、自治区、直辖市人民政府文物行政部门可以调拨本行政区域内其主管的国有文物收藏单位馆藏文物；调拨国有馆藏一级文物，应当报国务院文物行政部门备案。

国有文物收藏单位可以申请调拨国有馆藏文物。

第五十五条 文物收藏单位应当改善服务条件，提高服务水平，充分发挥馆藏文物的作用，通过举办展览、科学研究、文化创意等活动，加强对中华民族优秀的历史文化和革命传统的宣传教育；通过借用、交换、在线展览等方式，提高馆藏文物利用效率。

文物收藏单位应当为学校、科研机构开展有关教育教学、科学研究等活动提供支持和帮助。

博物馆应当按照国家有关规定向公众开放，合理确定开放时间和接待人数并向社会公布，采用多种形式提供科学、准确、生动的文字说明和讲解服务。

第五十六条 国有文物收藏单位之间因举办展览、科学研究等需借用馆藏文物的，应当报主管的文物行政部门备案；借用馆藏一级文物的，应当同时报国务院文物行政部门备案。

非国有文物收藏单位和其他单位举办展览需借用国有馆藏文物的，应当报主管的文物行政部门批准；借用国有馆藏一级文物的，应当经国务院文物行政部门批准。

文物收藏单位之间借用文物的，应当签订借用协议，协议约定的期限不得超过三年。

第五十七条 已经依照本法规定建立馆藏文物档案、管理制度的国有文物收藏单位之间可以交换馆藏文物；交换馆藏文物的，应当经省、自治区、直辖市人民政府文物行政部门批准，并报国务院文物行政部门备案。

第五十八条 未依照本法规定建立馆藏文物档案、管理制度的国有文物收藏单位，不得依照本法第五十五条至第五十七条的规定借用、交换其馆藏文物。

第五十九条 依法调拨、交换、借用馆藏文物，取得文物的文物收藏单位可以对提供文物的文物收藏单位给予合理补偿。

文物收藏单位调拨、交换、出借文物所得的补偿费用，必须用于改善文物的收藏条件和收集新的文物，不得挪作他用；任何单位或者个人不得侵占。

调拨、交换、借用的文物必须严格保管，不得丢失、损毁。

第六十条 禁止国有文物收藏单位将馆藏文物赠与、出租、出售或者抵押、质押给其他单位、个人。

第六十一条 国有文物收藏单位不再收藏的文物退出馆藏的办法，由国务院文物行政部门制定并公布。

第六十二条 修复馆藏文物，不得改变馆藏文物的原状；复制、拍摄、拓印馆藏文物，不得对馆藏文物造成损害。修复、复制、拓印馆藏二级文物和馆藏三级文物的，应当报省、自治区、直辖市人民政府文物行政部门批准；修复、复制、拓印馆藏一级文物的，应当报国务院文物行政部门批准。

不可移动文物的单体文物的修复、复制、拍摄、拓印，适用前款规定。

第六十三条 博物馆、图书馆和其他收藏文物的单位应当按照国家有关规定配备防火、防盗、防自然损坏的设施，并采取相应措施，确保收藏文物的安全。

第六十四条 馆藏一级文物损毁的，应当报国务院文物行政部门核查处理。其他馆藏文物损毁的，应当报省、自治区、直辖市人民政府文物行政部门核查处理；省、自治区、直辖市人民政府文物行政部门应当将核查处理结果报国务院文物行政部门备案。

馆藏文物被盗、被抢或者丢失的，文物收藏单位应当立即向公安机关报案，并同时向主管的文物行政部门报告。

第六十五条 文物行政部门和国有文物收藏单位的工作人员不得借用国有文物，不得非法侵占国有文物。

第五章 民间收藏文物

第六十六条 国家鼓励公民、组织合法收藏，加强对民间收藏活动的指导、管理和服务。

第六十七条 文物收藏单位以外的公民、组织可以收藏通过下列方式取得的文物：

（一）依法继承或者接受赠与；

（二）从文物销售单位购买；

（三）通过经营文物拍卖的拍卖企业（以下称文物拍卖企业）

购买；

（四）公民个人合法所有的文物相互交换或者依法转让；

（五）国家规定的其他合法方式。

文物收藏单位以外的公民、组织收藏的前款文物可以依法流通。

第六十八条 禁止买卖下列文物：

（一）国有文物，但是国家允许的除外；

（二）国有不可移动文物中的壁画、雕塑、建筑构件等，但是依法拆除的国有不可移动文物中的壁画、雕塑、建筑构件等不属于本法第三十一条第四款规定的应由文物收藏单位收藏的除外；

（三）非国有馆藏珍贵文物；

（四）国务院有关部门通报或者公告的被盗文物以及其他来源不符合本法第六十七条规定的文物；

（五）外国政府、相关国际组织按照有关国际公约通报或者公告的流失文物。

第六十九条 国家鼓励文物收藏单位以外的公民、组织将其收藏的文物捐赠给文物收藏单位或者出借给文物收藏单位展览和研究。

文物收藏单位应当尊重并按照捐赠人的意愿，对受赠的文物妥善收藏、保管和展示。

国家禁止出境的文物，不得转让、出租、抵押、质押给境外组织或者个人。

第七十条 文物销售单位应当取得省、自治区、直辖市人民政府文物行政部门颁发的文物销售许可证。

文物销售单位不得从事文物拍卖经营活动，不得设立文物拍卖企业。

第七十一条 依法设立的拍卖企业经营文物拍卖的，应当取得省、自治区、直辖市人民政府文物行政部门颁发的文物拍卖许可证。

文物拍卖企业不得从事文物销售经营活动，不得设立文物销售单位。

第七十二条 文物行政部门的工作人员不得举办或者参与举办文物销售单位或者文物拍卖企业。

文物收藏单位及其工作人员不得举办或者参与举办文物销售单位或者文物拍卖企业。

禁止设立外商投资的文物销售单位或者文物拍卖企业。

除文物销售单位、文物拍卖企业外，其他单位或者个人不得从事文物商业经营活动。

第七十三条 文物销售单位不得销售、文物拍卖企业不得拍卖本法第六十八条规定的文物。

文物拍卖企业拍卖的文物，在拍卖前应当经省、自治区、直辖市人民政府文物行政部门依照前款规定进行审核，并报国务院文物行政部门备案。

文物销售单位销售文物、文物拍卖企业拍卖文物，应当如实表述文物的相关信息，不得进行虚假宣传。

第七十四条 省、自治区、直辖市人民政府文物行政部门应当建立文物购销、拍卖信息与信用管理系统，推动文物流通领域诚信建设。文物销售单位购买、销售文物，文物拍卖企业拍卖文物，应当按照国家有关规定作出记录，并于销售、拍卖文物后三十日内报省、自治区、直辖市人民政府文物行政部门备案。

拍卖文物时，委托人、买受人要求对其身份保密的，文物行政部门应当为其保密；法律、行政法规另有规定的除外。

第七十五条 文物行政部门在审核拟拍卖的文物时，可以指定国有文物收藏单位优先购买其中的珍贵文物。购买价格由国有文物收藏单位的代表与文物的委托人协商确定。

第七十六条 银行、冶炼厂、造纸厂以及废旧物资回收单位，应当与当地文物行政部门共同负责拣选掺杂在金银器和废旧物资中的文物。

拣选文物除供银行研究所必需的历史货币可以由中国人民银行留用外，应当移交当地文物行政部门。移交拣选文物，应当给予合理补偿。

第六章　文物出境进境

第七十七条　国有文物、非国有文物中的珍贵文物和国家禁止出境的其他文物，不得出境；依照本法规定出境展览，或者因特殊需要经国务院批准出境的除外。

国家禁止出境的文物的具体范围，由国务院文物行政部门规定并公布。

第七十八条　文物出境，应当经国务院文物行政部门指定的文物进出境审核机构审核。经审核允许出境的文物，由国务院文物行政部门颁发文物出境许可证，从国务院文物行政部门指定的口岸出境。

任何单位或者个人运送、邮寄、携带文物出境，应当向海关申报；海关凭文物出境许可证放行。

第七十九条　文物出境展览，应当报国务院文物行政部门批准；一级文物超过国务院规定数量的，应当报国务院批准。

一级文物中的孤品和易损品，禁止出境展览。

出境展览的文物出境，由文物进出境审核机构审核、登记。海关凭国务院文物行政部门或者国务院的批准文件放行。出境展览的文物复进境，由原审核、登记的文物进出境审核机构审核查验。

第八十条　文物临时进境，应当向海关申报，并报文物进出境审核机构审核、登记。文物进出境审核机构发现临时进境的文物属于本法第六十八条规定的文物的，应当向国务院文物行政部门报告并通报海关。

临时进境的文物复出境，必须经原审核、登记的文物进出境审核机构审核查验；经审核查验无误的，由国务院文物行政部门颁发文物出境许可证，海关凭文物出境许可证放行。

第八十一条　国家加强文物追索返还领域的国际合作。国务院文物行政部门依法会同有关部门对因被盗、非法出境等流失境外的文物开展追索；对非法流入中国境内的外国文物，根据有关条约、协定、协议或者对等原则与相关国家开展返还合作。

国家对于因被盗、非法出境等流失境外的文物，保留收回的权利，且该权利不受时效限制。

第七章　法律责任

第八十二条　违反本法规定，地方各级人民政府和县级以上人民政府有关部门及其工作人员，以及其他依法履行公职的人员，滥用职权、玩忽职守、徇私舞弊的，对负有责任的领导人员和直接责任人员依法给予处分。

第八十三条　有下列行为之一的，由县级以上人民政府文物行政部门责令改正，给予警告；造成文物损坏或者其他严重后果的，对单位处五十万元以上五百万元以下的罚款，对个人处五万元以上五十万元以下的罚款，责令承担相关文物修缮和复原费用，由原发证机关降低资质等级；情节严重的，对单位可以处五百万元以上一千万元以下的罚款，由原发证机关吊销资质证书：

（一）擅自在文物保护单位的保护范围内进行文物保护工程以外的其他建设工程或者爆破、钻探、挖掘等作业；

（二）工程设计方案未经文物行政部门同意，擅自在文物保护单位的建设控制地带内进行建设工程；

（三）未制定不可移动文物原址保护措施，或者不可移动文物原址保护措施未经文物行政部门批准，擅自开工建设；

（四）擅自迁移、拆除不可移动文物；

（五）擅自修缮不可移动文物，明显改变文物原状；

（六）擅自在原址重建已经全部毁坏的不可移动文物；

（七）未取得文物保护工程资质证书，擅自从事文物修缮、迁移、重建；

（八）进行大型基本建设工程，或者在文物保护单位的保护范围、建设控制地带内进行建设工程，未依法进行考古调查、勘探。

损毁依照本法规定设立的不可移动文物保护标志的，由县级以上人民政府文物行政部门给予警告，可以并处五百元以下的罚款。

第八十四条 在文物保护单位的保护范围或者建设控制地带内建设污染文物保护单位及其环境的设施的，由生态环境主管部门依法给予处罚。

第八十五条 违反本法规定，有下列行为之一的，由县级以上人民政府文物行政部门责令改正，给予警告或者通报批评，没收违法所得；违法所得五千元以上的，并处违法所得二倍以上十倍以下的罚款；没有违法所得或者违法所得不足五千元的，并处一万元以上五万元以下的罚款：

（一）转让或者抵押国有不可移动文物；

（二）将建立博物馆、文物保管所或者辟为参观游览场所的国有不可移动文物改作企业资产经营，或者将其管理机构改由企业管理；

（三）将非国有不可移动文物转让或者抵押给外国人、外国组织或者国际组织；

（四）擅自改变国有文物保护单位中的纪念建筑物或者古建筑的用途。

第八十六条 历史文化名城的布局、环境、历史风貌等遭到严重破坏的，由国务院撤销其历史文化名城称号；历史文化街区、村镇的布局、环境、历史风貌等遭到严重破坏的，由省、自治区、直辖市人民政府撤销其历史文化街区、村镇称号；对负有责任的领导人员和直接责任人员依法给予处分。

第八十七条 有下列行为之一的，由县级以上人民政府文物行政部门责令改正，给予警告或者通报批评，没收违法所得；违法所得五千元以上的，并处违法所得二倍以上十倍以下的罚款；没有违法所得或者违法所得不足五千元的，可以并处五万元以下的罚款：

（一）文物收藏单位未按照国家有关规定配备防火、防盗、防自然损坏的设施；

（二）文物收藏单位法定代表人或者主要负责人离任时未按照馆藏文物档案移交馆藏文物，或者所移交的馆藏文物与馆藏文物档案不符；

（三）国有文物收藏单位将馆藏文物赠与、出租、出售或者抵押、质押给其他单位、个人；

（四）违反本法规定借用、交换馆藏文物；

（五）挪用或者侵占依法调拨、交换、出借文物所得的补偿费用。

第八十八条 买卖国家禁止买卖的文物或者将国家禁止出境的文物转让、出租、抵押、质押给境外组织或者个人的，由县级以上人民政府文物行政部门责令改正，没收违法所得、非法经营的文物；违法经营额五千元以上的，并处违法经营额二倍以上十倍以下的罚款；没有违法经营额或者违法经营额不足五千元的，并处一万元以上五万元以下的罚款。

文物销售单位、文物拍卖企业有前款规定的违法行为的，由县级以上人民政府文物行政部门没收违法所得、非法经营的文物；违法经营额三万元以上的，并处违法经营额二倍以上十倍以下的罚款；没有违法经营额或者违法经营额不足三万元的，并处五万元以上二十五万元以下的罚款；情节严重的，由原发证机关吊销许可证书。

第八十九条 未经许可擅自从事文物商业经营活动的，由县级以上人民政府文物行政部门责令改正，给予警告或者通报批评，没收违法所得、非法经营的文物；违法经营额三万元以上的，并处违法经营额二倍以上十倍以下的罚款；没有违法经营额或者违法经营额不足三万元的，并处五万元以上二十五万元以下的罚款。

第九十条 有下列情形之一的，由县级以上人民政府文物行政部门责令改正，给予警告或者通报批评，没收违法所得、非法经营的文物；违法经营额三万元以上的，并处违法经营额二倍以上十倍以下的罚款；没有违法经营额或者违法经营额不足三万元的，并处五万元以上二十五万元以下的罚款；情节严重的，由原发证机关吊销许可证书：

（一）文物销售单位从事文物拍卖经营活动；

（二）文物拍卖企业从事文物销售经营活动；

（三）文物拍卖企业拍卖的文物，未经审核；

（四）文物收藏单位从事文物商业经营活动；

（五）文物销售单位、文物拍卖企业知假售假、知假拍假或者进行虚假宣传。

第九十一条　有下列行为之一的，由县级以上人民政府文物行政部门会同公安机关、海上执法机关追缴文物，给予警告；情节严重的，对单位处十万元以上三百万元以下的罚款，对个人处五千元以上五万元以下的罚款：

（一）发现文物隐匿不报或者拒不上交；

（二）未按照规定移交拣选文物。

第九十二条　文物进出境未依照本法规定申报的，由海关或者海上执法机关依法给予处罚。

第九十三条　有下列行为之一的，由县级以上人民政府文物行政部门责令改正；情节严重的，对单位处十万元以上三百万元以下的罚款，限制业务活动或者由原发证机关吊销许可证书，对个人处五千元以上五万元以下的罚款：

（一）改变国有未定级不可移动文物的用途，未依照本法规定报告；

（二）转让、抵押非国有不可移动文物或者改变其用途，未依照本法规定备案；

（三）国有不可移动文物的使用人具备修缮能力但拒不依法履行修

缮义务；

（四）从事考古发掘的单位未经批准擅自进行考古发掘，或者不如实报告考古调查、勘探、发掘结果，或者未按照规定移交考古发掘的文物；

（五）文物收藏单位未按照国家有关规定建立馆藏文物档案、管理制度，或者未将馆藏文物档案、管理制度备案；

（六）未经批准擅自调取馆藏文物；

（七）未经批准擅自修复、复制、拓印文物；

（八）馆藏文物损毁未报文物行政部门核查处理，或者馆藏文物被盗、被抢或者丢失，文物收藏单位未及时向公安机关或者文物行政部门报告；

（九）文物销售单位销售文物或者文物拍卖企业拍卖文物，未按照国家有关规定作出记录或者未将所作记录报文物行政部门备案。

第九十四条　文物行政部门、文物收藏单位、文物销售单位、文物拍卖企业的工作人员，有下列行为之一的，依法给予处分；情节严重的，依法开除公职或者吊销其从业资格证书：

（一）文物行政部门和国有文物收藏单位的工作人员借用或者非法侵占国有文物；

（二）文物行政部门、文物收藏单位的工作人员举办或者参与举办文物销售单位或者文物拍卖企业；

（三）因不负责任造成文物保护单位、珍贵文物损毁或者流失；

（四）贪污、挪用文物保护经费。

前款被开除公职或者被吊销从业资格证书的人员，自被开除公职或者被吊销从业资格证书之日起十年内不得担任文物管理人员或者从事文物经营活动。

第九十五条　单位违反本法规定受到行政处罚，情节严重的，对单位直接负责的主管人员和其他直接责任人员处五千元以上五万元以下的罚款。

第九十六条 违反本法规定，损害他人民事权益的，依法承担民事责任；构成违反治安管理行为的，由公安机关依法给予治安管理处罚；构成犯罪的，依法追究刑事责任。

第九十七条 县级以上人民政府文物行政部门依法实施监督检查，可以采取下列措施：

（一）进入现场进行检查；

（二）查阅、复制有关文件资料，询问有关人员，对可能被转移、销毁或者篡改的文件资料予以封存；

（三）查封、扣押涉嫌违法活动的场所、设施或者财物；

（四）责令行为人停止侵害文物的行为。

第九十八条 监察委员会、人民法院、人民检察院、公安机关、海关、市场监督管理部门和海上执法机关依法没收的文物应当登记造册，妥善保管，结案后无偿移交文物行政部门，由文物行政部门指定的国有文物收藏单位收藏。

第九十九条 因违反本法规定造成文物严重损害或者存在严重损害风险，致使社会公共利益受到侵害的，人民检察院可以依照有关诉讼法的规定提起公益诉讼。

第八章 附　　则

第一百条 文物保护有关行政许可的条件、期限等，本法未作规定的，适用《中华人民共和国行政许可法》和有关法律、行政法规的规定。

第一百零一条 本法自 2025 年 3 月 1 日起施行。

全国人民代表大会宪法和法律委员会

关于《中华人民共和国文物保护法（修订草案）》修改情况的汇报

（2024 年 6 月 25 日）

全国人民代表大会常务委员会：

常委会第六次会议对《中华人民共和国文物保护法（修订草案）》（以下简称修订草案）进行了初次审议。会后，法制工作委员会将修订草案印发中央有关部门和单位、地方人大、基层立法联系点、高校和科研机构等征求意见；在中国人大网全文公布修订草案，征求社会公众意见；通过代表工作信息化平台，向全国人大代表征求意见。宪法和法律委员会、教育科学文化卫生委员会和法制工作委员会联合召开座谈会，听取全国人大代表、中央有关部门、行业协会、文物保护相关机构和专家学者对修订草案的意见。宪法和法律委员会、法制工作委员会还到陕西、浙江、北京、上海、江苏、湖南、海南等地调研，并就修订草案中的主要问题与有关部门交换意见，共同研究。宪法和法律委员会于 5 月 30 日召开会议，根据人大常委会组成人员的审议意见和各方面的意见，对修订草案进行了逐条审议。教育科学文化卫生委员会、司法部、文化和旅游部、国家文物局有关负责同志列席了会议。6 月 18 日，宪法和法律委员会召开会议，再次进行了审议。现将文物保护法修订草案主要问题修改情况汇报如下。

一、修订草案第四条规定，文物工作贯彻保护为主、抢救第一、合理利用、加强管理的方针。有些常委会组成人员、代表、部门、地方和社会公众建议贯彻落实习近平文化思想，将习近平总书记提出的“保护第一、加强管理、挖掘价值、有效利用、让文物活起来”①的22字工作要求写入文物保护法。宪法和法律委员会经研究，认为22字工作要求与现行文物保护法规定的16字方针是并行不悖的，既保持了文物工作方针的稳定性延续性，又体现了新时代新要求，建议增加一条规定：“国家发展文物保护事业，贯彻落实保护第一、加强管理、挖掘价值、有效利用、让文物活起来的工作要求。”

二、修订草案第九条第二款规定，对与中国共产党各个历史时期重大事件、重要会议、重要人物有关的文物，各级人民政府应当采取措施加强保护。有的常委委员、部门、地方和社会公众提出，中国共产党走过了百年光辉奋斗历程，有关文物凝结着中国共产党的光荣历史，建议进一步突出和完善与中国共产党有关文物的保护。宪法和法律委员会经研究，建议将与中国共产党有关文物的保护单列一条，并增加“伟大建党精神”的表述，修改为：“对与中国共产党各个历史时期重大事件、重要会议、重要人物和伟大建党精神有关的文物，各级人民政府应当采取措施加强保护。”

三、有的常委委员、部门、地方和社会公众提出，文物是不可再生的文化资源，应当进一步加强文物保护管理，确保文物安全。宪法和法律委员会经研究，建议作以下修改：一是明确在文物普查、专项调查或者其他相关工作中发现的不可移动文物，应当及时核定公布为文物保护单位或者登记公布为未定级不可移动文物。二是明确文物行政部门应当加强对不可移动文物保护的监督检查，及时发现问题隐患，防范安全风险。三是明确依托历史文化街区、村镇进行旅游等开发建设活动的，应

① 习近平：《加强文化遗产保护传承 弘扬中华优秀传统文化》，载《人民日报》2024年4月16日第1版。

当严格落实相关保护规划和保护措施。四是明确不可移动文物的所有人或者使用人应当加强消防安全管理，采取有针对性的消防安全措施。五是明确在可能存在地下文物的区域，土地出让或者划拨前，应当组织进行考古调查、勘探；可能存在地下文物的区域，由省、自治区、直辖市人民政府文物行政部门及时划定并动态调整。

四、有些常委会组成人员、代表、部门、地方和社会公众建议进一步加强文物价值挖掘阐释，发挥文物作用，让文物活起来。宪法和法律委员会经研究，建议作以下修改：一是在国家支持和规范文物价值挖掘阐释的内容中，增加“铸牢中华民族共同体意识”的要求。二是明确对在文物价值挖掘阐释工作中作出重大贡献的，给予表彰、奖励。三是明确为保护不可移动文物建立的博物馆等单位应当加强文物价值挖掘阐释，开展有针对性的宣传讲解。四是明确国家鼓励和支持文物收藏单位收藏、保护可移动文物，开展文物展览展示、宣传教育和科学研究等活动。五是规定文物收藏单位应当改善服务条件，提高服务水平；博物馆应当按照国家有关规定向公众免费或者优惠开放，合理确定每日开放时间和接待人数并向社会公布，采用多种形式提供科学、准确、生动的文字说明和讲解服务。

五、有的常委委员、部门和地方建议加强文物资源调查，强化人才队伍建设，营造有利于文物保护的社会氛围，不断提升文物保护能力水平。宪法和法律委员会经研究，建议作以下修改：一是明确国家加强文物普查和专项调查，提高文物保护信息化建设水平；二是明确有关单位应当结合参观游览内容开展有针对性的文物保护宣传教育，营造自觉传承中华民族优秀历史文化遗产的社会氛围；三是明确国家加大考古、修缮、修复等文物保护专业人才培养力度，健全人才培养、使用、评价和激励机制；四是明确省、自治区、直辖市人民政府文物行政部门应当推动文物流通领域诚信建设。

六、有些常委委员、代表、部门、地方和社会公众提出，文物保护离不开社会力量积极参与，应当进一步鼓励和支持社会力量参与文物保护事业。宪法和法律委员会经研究，建议作以下修改：一是明确国家健全社会参与机制，调动社会力量参与文化遗产保护的积极性，鼓励引导社会力量投入文化遗产保护；二是明确有关部门应当在设立条件、提供社会服务、财税扶持政策等方面，公平对待国有文物收藏单位和非国有文物收藏单位。

此外，还对修订草案作了一些文字修改。

修订草案二次审议稿已按上述意见作了修改，宪法和法律委员会建议提请本次常委会会议继续审议。

修订草案二次审议稿和以上汇报是否妥当，请审议。

（来源：中国人大网）

全国人民代表大会宪法和法律委员会
关于《中华人民共和国文物保护法（修订草案）》审议结果的报告

（2024年11月4日）

全国人民代表大会常务委员会：

常委会第十次会议对《中华人民共和国文物保护法（修订草案）》（以下简称修订草案）进行了二次审议。会后，法制工作委员会在中国人大网全文公布修订草案二次审议稿，征求社会公众意见；通过代表工作信息化平台，向全国人大代表征求意见。宪法和法律委员会、法制工作委员会还到四川、山西、河南、西藏等地调研，并就修订草案中的主要问题与有关部门交换意见，共同研究。宪法和法律委员会于10月8日召开会议，根据常委会组成人员的审议意见和各方面的意见，对修订草案进行了逐条审议。教育科学文化卫生委员会、司法部、文化和旅游部、国家文物局有关负责同志列席了会议。10月25日，宪法和法律委员会召开会议，再次进行了审议。宪法和法律委员会认为，为了加强对文物的保护，传承中华民族优秀历史文化遗产，对文物保护法进行修订是必要的，修订草案经过两次审议修改，已经比较成熟。同时，提出以下主要修改意见。

一、现行文物保护法及修订草案二次审议稿第二条中规定，文物认定的标准和办法由国务院文物行政部门制定，并报国务院批准。有的常委委员、社会公众提出，文物认定制度是文物保护的基本制度，关系到本法的调整范围和实施效果，但文物认定的标准和办法尚未依法出台，实践中文物的范围不够清晰，影响相关工作规范开展，建议强化文物认定制度，提高文物保护工作法治化水平。宪法和法律委员会经研究，建议将上述规定修改为“文物认定的主体、标准和程序，由国务院规定并公布”。

二、修订草案二次审议稿第五十一条第三款规定，文物收藏单位不得征集、购买来源不合法的文物。有些常委会组成人员、地方和社会公众提出，文物来源情况复杂，为了科学合理地规定文物收藏单位的权利与义务，建议从强化文物收藏单位注意义务的角度予以规范。宪法和法律委员会经研究，建议将上述规定修改为“文物收藏单位应当依法履行合理注意义务，对拟征集、购买文物来源的合法性进行了解、识别”。

三、有些常委委员、代表、地方和社会公众提出，民间收藏活动对于促进文物保护利用、传承中华优秀传统文化具有重要作用，应当予以鼓励和引导。宪法和法律委员会经研究，建议增加规定，国家鼓励公民、组织合法收藏，加强对民间收藏活动的指导、管理和服务。

四、有些常委委员提出，加强文物出境管理，防止文物非法外流，是文物保护工作最紧要的目标之一，建议进一步明确禁止出境文物的具体范围。宪法和法律委员会经研究，建议增加规定，国家禁止出境的文物的具体范围，由国务院文物行政部门规定并公布。

五、有些常委委员、代表、地方和社会公众建议进一步完善法律责任有关规定，增强科学性和可操作性。宪法和法律委员会经研究，建议作以下修改：一是按照立法技术规范，完善刑事责任规定；二是按照过罚相当的原则，科学设定有关行政处罚。

六、有些常委委员、地方和社会公众提出，行政许可法对行政许可的条件、期限等作了规定，文物保护法有关行政许可事项应当与其相衔接。宪法和法律委员会经研究，建议增加规定，文物保护有关行政许可的条件、期限等，本法未作规定的，适用行政许可法和有关法律、行政法规的规定。

此外，还对修订草案二次审议稿作了一些文字修改。

10 月 16 日，法制工作委员会召开会议，邀请全国人大代表、有关政府部门、文物保管所、考古发掘单位、文物收藏单位和专家学者等就修订草案主要制度规范的可行性、出台时机、实施的社会效果和可能出现的问题等进行评估。与会人员一致认为，修订草案贯彻落实习近平文化思想，聚焦重点问题，坚持问题导向，对文物保护相关制度机制作了健全完善，对于进一步加强文物保护、促进文物价值挖掘阐释、让文物活起来具有重要意义，具有较强的针对性和可操作性；修订草案充分吸收了各方面意见，已经比较成熟，建议审议通过。与会人员还对修订草案提出了一些具体修改意见，经研究，对有的意见予以采纳。

修订草案三次审议稿已按上述意见作了修改，宪法和法律委员会建议提请本次常委会会议审议通过。

修订草案三次审议稿和以上报告是否妥当，请审议。

（来源：中国人大网）

司法解释、司法指导性文件与解读

最高人民法院

印发《关于进一步规范网络司法拍卖工作的指导意见》的通知

2024年10月29日　　法〔2024〕238号

各省、自治区、直辖市高级人民法院，解放军军事法院，新疆维吾尔自治区高级人民法院生产建设兵团分院：

现将《最高人民法院关于进一步规范网络司法拍卖工作的指导意见》予以印发，请结合实际，认真遵照执行。

最高人民法院

关于进一步规范网络司法拍卖工作的指导意见

为进一步规范网络司法拍卖行为，着力提升执行财产处置水平，切实保障当事人的合法权益，根据《中华人民共和国民事诉讼法》（以下简称民事诉讼法）以及有关司法解释的规定，结合执行工作实践，就做好网络司法拍卖工作提出如下意见。

1. 尽职调查财产现状。执行法院应当对财产现状进行调查，不得以“现状拍卖”为由免除调查职责。对下列财产，应当重点调查以下事项：

（1）对不动产，应当通过调取登记信息、实地勘察、入户调查等方式，调查权属关系、占有使用情况、户型图、交易税目和税率、已知瑕疵等信息；

（2）对机动车，应当调查登记信息、违章信息、排放标准、行驶里程等对车辆价值有重要影响的信息；

（3）对食品，应当调查是否过期、是否腐败变质、是否属于禁止生产销售物品等信息，防止假冒伪劣食品通过网络司法拍卖流入市场，损害人民群众身体健康和生命安全；

（4）对股权，应当调查持股比例、认缴出资额、实缴出资额、出资期限、财务报表，以及股息、红利等对股权价值有重要影响的信息。

2. 严格审查权利负担的真实性。执行法院在财产调查过程中应当加大对虚假权利负担的甄别力度，案外人主张财产上存在租赁权、居住权等权利负担的，重点围绕合同签订时间、租赁或者居住权期限、租金支付、占有使用等情况，对权利负担的真实性进行审查。案外人所提事实和主张有悖日常生活经验、商业交易习惯的，对案外人“带租赁权”“带居住权”处置的请求不予支持。案外人有异议的，可以通过执行异议程序救济。发现被执行人与第三人通过恶意串通倒签租赁合同、虚构长期租约等方式规避或者妨碍执行的，应当依法严肃追究其法律责任。

3. 认真核查建设工程价款情况。执行法院处置建设工程时，应当依法查明是否欠付建设工程价款，并按照下列情形分别处理：

（1）发现存在或者可能存在欠付建设工程价款，但没有权利人主张的，执行法院可以通过张贴拍卖公告、调取工程合同、询问被执行人等方式查明有关权利人，通知其及时主张权利，争取一次性解决纠纷，减少后续争议。

（2）尚未取得执行依据的案外人主张享有建设工程价款优先受偿权并提出优先受偿的，执行法院应当对建设工程施工合同等进行审查并询问被执行人。经审查，认定案外人不具有优先受偿资格，案外人不服的，可以通过执行异议程序或者另诉救济；认定案外人具有优先受偿资格的，应当将其纳入分配方案，当事人对该方案不服的，可以通过分配方案异议及分配方案异议之诉程序救济。

（3）建设工程价款优先受偿权人主张已与被执行人达成“以房抵债”协议，据以申请排除执行的，执行法院应当依照民事诉讼法第二百三十八条处理。

4. 规范适用询价方式。对于无需由专业人员现场勘验或者鉴定且有大数据交易参考的住宅、机动车等财产，可以选择网络询价方式。当事人、利害关系人认为不应适用网络询价或者网络询价结果明显偏离市场价值，申请适用委托评估的，执行法院经审查可以准许。

工业厂房、在建工程、土地使用权、商铺较多的综合市场、装修装饰价值较高的不动产以及股权、采矿权等特殊或者复杂财产，目前尚不具备询价条件，当事人议价不成时，应当适用委托评估。

5. 完善刑事涉案财产变价程序。刑事裁判涉财产部分执行，涉案财物最后一次拍卖未能成交的，执行法院应当按照《最高人民法院关于刑事裁判涉财产部分执行的若干规定》（法释〔2014〕13号）第十二条第二款规定，征询财政部门、被害人是否同意接收财产或者以物退赔等意见。财政部门、被害人不同意接收财产或者以物退赔的，可以进行无保留价拍卖。但对不动产、采矿权、大宗股票等价值较高的财产进行无保留价拍卖的，应当合理确定保证金和加价幅度，经合议庭合议后，报主管院领导批准。

6. 如实披露拍卖财产信息。执行法院应当全面如实披露财产调查所掌握的拍卖财产现状、占有使用情况、已知瑕疵和权利负担等信息，严禁隐瞒或者夸大拍卖财产瑕疵。

拍卖财产为不动产的，执行法院应当在拍卖公告中公示不动产占有使用情况，不得在拍卖公告中使用“占有不明”“他人占用’等表述。决定“带租赁权”或者“带居住权”拍卖的，应当如实披露占有使用情况、租金、期限以及有关权利人情况等重要信息。

法律、行政法规和司法解释对买受人有竞买资格限制的，应当在拍卖公告中予以公示。

7. 完善被执行人自行处置机制。第二次网络司法拍卖流拍，债权人申请以物抵债或者第三人申请以流拍价购买的，执行法院应当通知被执行人。被执行人主张以高于流拍价的价格对拍卖财产自行处置的，执行法院经审查后可以允许，暂不启动以物抵债、第三人购买程序。

自行处置期限由执行法院根据财产状况、市场行情等情况确定，一般不得超过60日。自行处置不动产成交的，买受人向执行法院交付全部价款后，执行法院可以出具成交过户裁定。买方支付部分价款，剩余价款申请通过贷款等方式融资，并向执行法院提交相关融资等手续的，执行法院经协调不动产登记机构同意后，可以出具成交过户裁定，由买卖双方办理“带封过户”手续。被执行人自行处置失败的，执行法院应当启动以物抵债、第三人购买等程序。

8. 加大不动产腾退交付力度。对不动产进行处置，除有法定事由外，执行法院应当负责腾退交付，严禁在拍卖公告中声明“不负责腾退”。

需要组织腾退交付的，执行法院应当制作腾退预案，积极督促被执行人及有关占用人员主动搬离。对于督促后仍不主动搬离的，应当严格依法腾退，并做好执法记录、安全保障等工作。

腾退过程中，被执行人、案外人存在破坏财产、妨碍执行等行为的，应当根据情节轻重予以罚款、拘留；构成犯罪的，应当依法追究刑事责任。

9. 严格重大事项合议与审批。执行法院应当建立重大事项权力清单和台账，对起拍价、加价幅度、权利负担、唯一住房拍卖、自行处置、以物抵债、第三人以流拍价购买等重要事项应当合议决定，按程序报批，严格落实院局（庭）长阅核制，不得由执行人员一人作出决定。

10. 加强拍卖辅助工作管理。各高级、中级人民法院要加强对辖区拍卖辅助工作的统一管理，加大对重大复杂敏感案件拍卖辅助工作的指导力度。具备条件的中级人民法院可以根据辖区实际情况，设置相对固定的人员或者团队统一负责辖区拍卖辅助工作。执行法院将拍卖辅助工作委托拍卖辅助机构承担的，要加强对拍卖辅助机构履职情况的监督力度，严禁将法律、司法解释规定必须由执行人员办理的事项委托给拍卖辅助机构完成；严禁拍卖辅助人员使用办案系统、账户和密钥等，严防泄露办案秘密；严禁私下接触竞买人，需要现场看样的，必须有两名以上拍卖辅助人员在场；严禁拍卖辅助机构、拍卖辅助人员及其近亲属参与其承担拍卖辅助工作的财产的竞买；严禁向第三方泄露意向竞买人信息；严禁私自收取费用违规排除潜在竞买人。要结合辖区工作实际，制定行之有效的管理办法，明确拍卖辅助机构工作职责和清单，规范计费方式和标准，严格规范拍卖辅助机构的准入和退出程序。要建立违纪违法追责机制，发现拍卖辅助机构存在违法违规行为或者不符合入库要求的，视情节采取暂停、取消委托资质乃至除名等惩戒措施。

11. 依法打击扰乱网拍秩序的行为。对通过夸大、欺瞒、误导等手段宣传提供“拍前调查”“清场收房”“对接法院”等一站式服务，诱导买受人支付高额佣金，甚至伪造司法文书骗取财物，严重扰乱网络司法拍卖秩序的行为，各级人民法院要积极联合公安、住建、市场监督管理等部门，坚决依法打击。要建立常态化工作机制，通过加大网络司法拍卖宣传、定期发布典型案例、开展专项活动等方式，依法维护网络司法拍卖秩序。

12. 深化对网拍的全面监督。各级人民法院要严格按照法律司法解释要求开展工作，确保网络司法拍卖公开透明、及时高效、全程留痕。要主动接受当事人和社会公众对拍卖活动的全程监督，对当事人、社会公众或者媒体反映的拍卖问题，要及时核查、及时纠正、及时回应社会关切。

要主动接受检察机关法律监督，推动信息共享，畅通监督渠道，使执行检察监督规范化、常态化、机制化。对重大敏感复杂及人民群众反映强烈的拍卖或者腾退交付案件，可以邀请检察机关到场监督执行活动。

最高人民法院执行局负责人就《最高人民法院关于进一步规范网络司法拍卖工作的指导意见》答记者问

2024年10月29日，最高人民法院下发了《最高人民法院关于进一步规范网络司法拍卖工作的指导意见》（法〔2024〕238号）（以下简称《网拍指导意见》），对进一步规范网络司法拍卖行为，提升执行财产处置水平，保障当事人的合法权益作出规定。最高人民法院执行局负责人就出台《网拍指导意见》相关问题回答了记者提问。

问：能否请您简要介绍一下《网拍指导意见》的起草背景和过程？

答：财产处置变现是人民法院执行工作的重要内容，传统委托拍卖模式逐渐暴露出覆盖面窄、成本高、效率低、腐败现象易发多发等弊端。2017年，最高人民法院在总结各地实践经验基础上，上线网络司法拍卖系统并在全国范围全面推行网络司法拍卖，实现了执行财产变现模式的重大变革。自系统上线以来，截至2024年10月底，全国法院开展网络拍卖973.47万次，成交金额2.94万亿元，成交率63.72%，相较于传统委托拍卖累计为当事人节约佣金897.01亿元。实践证明，网络司法拍卖顺应时代潮流和技术发展趋势，更加公开、公正、透明、便捷，极大提升了拍卖的成交率、溢价率和处置效率，降低了拍卖成本，减少了司法腐败的发生，最大限度地实现当事人合法权益，成效显著。

但近期，我们发现网络司法拍卖工作中也出现了一些新情况、新问题。一方面是与网络司法拍卖相关的部分执行行为不够规范，影响了网络司法拍卖工作的健康发展。比如，有的执行人员财产调查工作不够充分细致，未全面查明拍卖财产具体状况、权属关系、权利负担等信息就上网拍卖，导致买受人发现“货不对板”，引发后续争议；有的法院拍卖财产“一刀切”，没有充分考虑当事人自行处置的意愿和诉求，引发信访投诉和矛盾。另一方面是外部人员扰乱网络司法拍卖秩序问题不断凸显。比如，有的拍卖辅助机构人员素质水平参差不齐，甚至利用拍卖辅助工作便利牟取不法利益；有的社会人员擅自侵入拍卖房产，通过虚假宣传诱导买受人支付高额佣金、骗取财物。

针对上述问题，最高人民法院执行局充分研究后起草了《网拍指导意见》，希望借此对网络司法拍卖相关规范进行一次较全面的升级，打好制度“补丁”。在起草《网拍指导意见》过程中，我们坚持问题导向，对有关问题进行摸排梳理和分类研究，逐项确定具体对策要求，形成条文初稿；先后多次召开座谈会，分别听取7家网络司法拍卖平台、中国拍卖行业协会、地方三级法院干警、最高人民法院相关部门和专家学者的意见，共收到意见建议100余条、书面材料5万余字；在反复研究论证和多次讨论修改，并经局、院两级审议后，最终获得通过。

问：我们注意到，最高人民法院此前出台了关于网络司法拍卖的司法解释并陆续发布了多个规范网络司法拍卖的通知，这次《网拍指导意见》与以往相关规范性文件相比，有什么不同？

答：在2016年出台关于网络司法拍卖的司法解释后，最高人民法院又多次下发明传通知，目的是及时解决实践问题，规范制度运行。这次《网拍指导意见》与此前相比，有以下不同：一是更加全面且更具针对性，对网络司法拍卖各重要环节重点问题作出规定；二是吸收地方法院有益经验，例如，增加了被执行人自行处置的相关规则。总的来说，《网拍指导意见》是在以往规范性文件的基础上，进一步完善了网络司法拍卖制度规范。

《网拍指导意见》共12条，按照网络司法拍卖流程，主要规定了拍前财产调查和询价（第一条至第四条）、拍卖中的变价处置（第五条至第七条）、拍卖的管理监督（第八条至第十二条）三大部分。条文可以分为三类：第一类是补充完善型条款，主要起到“打补丁”的作用。如第五条规定对刑事涉财执行的财产变价程序予以细化明确，对社会关注度较高的刑事涉财执行“1元”起拍问题予以回应，做好不同规则的衔接、填补漏洞。第二类是机制创新型条款。如第七条规定在允许被执行人申请自行处置财产的情况下，对自行处置的规则、期限和效力进行细化。第三类是加强管理型条款。如第九条规定要求建立网络司法拍卖重大事项权力清单，严格合议和报批程序；第十条规定要求加强对拍卖辅助工作的管理；第十一条规定要求依法打击扰乱网络司法拍卖秩序的行为。

问：建设工程的处置一直是执行财产处置中的难题。我们注意到，《网拍指导意见》第三条对执行法院处置建设工程作了规定，您能简单介绍一下主要思路和要点吗？

答：建设工程的处置，法律关系复杂、涉及主体众多、疑难复杂。尤其是建设工程价款优先受偿权是法定优先权，可能涉及农民工工资等社会问题。执行法院处置建设工程过程中或完成后，经常面临相关主体主张建设工程价款优先受偿权，造成执行程序迟滞，甚至因未及时保护优先权人权利引发执行回转等问题。对此，《网拍指导意见》第三条规定要求执行法院在处置建设工程价款时，应当区分不同情况进行处理，基本思路是争取一次性解决纠纷和明确权利人权利救济途径。这主要体现在以下三个方面：一是明确在建设工程处置过程中，执行法院不能消极等待权利申报，而应当通过张贴拍卖公告、调取工程合同、询问被执行人等方式主动查明有关权利人，通知其及时主张权利。这样做有两个好处：第一，尽量争取在执行程序中一次性解决争议，减少相关权利人的诉累，节约司法成本；第二，避免在执行过程中，因不同权利人分别主张权利进行大量重复性工作。二是明确执行法院在执行实施阶段，要对尚未取得执行依据的案外人关于建设工程价款优先权的主张进行审查。在执行实践中，有的执行法院以案外人未取得执行依据为由，对其提出的关于建设工程价款优先受偿权的主张一律不予审查，而是告知其另行通过诉讼程序救济。这种做法既违反法律规定，也不符合诉讼经济理念，造成司法资源的浪费。《网拍指导意见》第三条明确规定，执行法院在处理此类请求时，应当围绕案外人的主张，对建设工程施工合同、建设工程完成等情况进行审查。经审查，认定案外人具有优先受偿资格的，应当将其工程价款债权纳入分配方案，当事人、其他债权人等对案外人建设工程价款优先权的真实性、优先受偿顺位和比例等提出异议的，可以通过分配方案异议及分配方案异议之诉程序救济。认定案外人不具有优先受偿资格，案外人可以通过执行异议程序或者另诉救济。三是明确建设工程价款优先受偿权人以“以房抵债”为由，要求排除强制执行的处理程序。在执行实践中，存在建设工程价款优先受偿权人主张已与被执行人达成“以房抵债”协议，要求排除对相应房产强制执行的情况。这属于案外人对执行标的提出实体权利主张而排除执行的情形，执行法院应依照民事诉讼法第二百三十八条即案外人异议程序处理。经审查，认为案外人理由成立的，应当停止对相关标的执行。

问：刑事涉财执行相关司法解释规定了无保留价拍卖制度。实践中，有的法院机械适用无保留价拍卖，没有根据财产价值等合理设定加价幅度，造成不良后果。对此，《网拍指导意见》有什么规范措施？

答：刑事涉财案件的财产处置一直是执行工作的难点。对于财产刑、无被害人的刑事退赔案件，必须要对执行财产进行变价，然而此类案件涉及财产往往权属关系复杂、还可能存在案外人主张民事债权参与分配等情况，变现难度大。在财产难以变价又无法以物退赔的情况下，执行财产长期搁置，还将不断增加保管成本。为解决上述问题，2014 年最高人民法院出台的《最高人民法院关于刑事裁判涉财产部分执行的若干规定》第十二条设计了特殊的财产处置方式，即对于刑事裁判所涉财产的拍卖，在国家财政机关、被害人等权利主体不同意接收流拍财产的情况下，可不拘于民事执行拍卖程序的一般规定，实行无保留价拍卖。通过这种制度设计，尽可能推进执行财产变现，尽快实现追赃挽损目的。

在执行实践中，个别法院机械适用无保留价拍卖，对不动产等价值较高的财产进行无保留价拍卖时，未设定符合财产价值的保证金和加价幅度，过分依赖市场对价格的检验，但在参与主体有限、保证金低、加价幅度小、竞价不足的情况下，极易导致拍卖程序过于烦琐冗长、高价财产以明显不合理的低价成交。

针对上述问题，《网拍指导意见》第五条在现有法律和司法解释框架内，进一步完善了刑事涉案财产变价程序。该条明确规定刑事涉案财产最后一次拍卖未能成交的，应当严格依照《最高人民法院关于刑事裁判涉财产部分执行的若干规定》第十二条第二款的规定，征询财政部门、被害人是否同意接收财产或者以物退赔等意见。财政部门、被害人不同意接收财产或者以物退赔的，才可以进行无保留价拍卖。此外，对不动产、采矿权、大宗股票等价值较高的财产，确需进行无保留价拍卖的，应当对适用程序严格把关，在拍卖前要确定合理的保证金和加价幅度，并须经合议庭评议并报主管院领导批准。

问：在执行实践中，我们经常听到一些被执行人反映其财产被低价处置，由此引发不满甚至信访等问题，法院如何在执行程序中更好地解决上述问题？

答： 在执行实践中，部分被执行人认为法院处置财产的评估价、成交价、抵债价偏低，对法院执行行为提出质疑，并申请由其自行处置财产。根据现行法律及司法解释规定，被执行人对评估拍卖程序中的执行行为提出异议的，执行法院应当通过异议审查程序保护其合法权益。被执行人自行处置的申请，如果得不到解决和回应，可能激化被执行人对执行工作的对抗情绪，甚至引发信访和投诉。为此，我们在 2019 年《最高人民法院关于在执行工作中进一步强化善意文明执行理念的意见》以及 2021 年《最高人民法院关于进一步完善执行权制约机制加强执行监督的意见》等文件中，已经探索允许被执行人在一定条件下自行处置。但是据我们了解，执行实践中此项制度适用比例很低，未充分发挥应有效用。

此次，我们在《网拍指导意见》中对相关规则进行具体细化，针对第二次拍卖流拍后被执行人主张自行处置的，执行法院经审查认定符合相应条件后，可以允许被执行人以高于流拍价对拍卖财产进行处置，暂不启动以物抵债、第三人购买程序。同时，明确以下三点规则：一是自行处置的期限不超过六十日，防止周期过长影响执行效率；二是自行处置成交的，买受人向执行法院交付全部价款后，执行法院可以出具成交过户裁定，解决此类财产有多轮查封时，难以处置和过户的难题，消除买受人的后顾之忧，提高自行处置制度的适用性；三是支持买受人通过融资支付案款，买方支付部分价款，剩余价款申请通过贷款等方式融资，并向执行法院提交相关融资手续的，执行法院经协调不动产登记机构同意后，可以出具成交过户裁定，由买卖双方办理“带封过户”手续。通过上述制度设计，在财产处置程序中充分贯彻落实善意文明执行理念，将执行法院监管与被执行人自行处置财产相结合，充分调动当事人配合财产处置的积极性，最大限度实现处置财产价值，平衡保障双方当事人权益。

（来源：最高人民法院网站）

最高人民检察院

关于印发《关于人民检察院全面准确落实司法责任制的若干意见》的通知

2024 年 7 月 4 日　　　　高检发〔2024〕5 号

各省、自治区、直辖市人民检察院，解放军军事检察院，新疆生产建设兵团人民检察院：

《关于人民检察院全面准确落实司法责任制的若干意见》已经中央全面深化改革委员会审议通过，现印发给你们。请结合实际，认真贯彻落实。在实施过程中遇到的重要情况和问题，请及时报告。

关于人民检察院全面准确落实司法责任制的若干意见

为深化司法体制综合配套改革，全面准确落实司法责任制，推动检察权公正、规范、高效、廉洁运行，根据有关法律法规规定，结合检察工作实际，制定本意见。

一、目标和原则

（一）主要目标：坚持以习近平新时代中国特色社会主义思想为指导，深入贯彻落实习近平法治思想，加强检察机关法律监督工作，深化司法体制综合配套改革，全面准确落实司法责任制，建立权责明晰，权责相当，公正、规范、高效、廉洁的检察权运行机制，高质效办好每一个案件，努力让人民群众在每一个司法案件中感受到公平正义。

（二）基本原则：坚持党对检察工作的绝对领导，依法履行宪法和法律规定的职责；坚持遵循司法规律，符合检察职业特点；坚持谁办案谁负责、谁决定谁负责；坚持突出检察官办案主体地位与加强制约监督、强化检察长对司法办案工作领导有机结合；坚持惩戒与保护并重，主观过错与客观行为相一致，责任与处罚相适应；坚持自觉接受人大、政协、监察以及新闻媒体等社会各界的监督，自觉接受公安机关、审判机关、司法行政机关的制约。

二、健全司法办案组织及运行机制

（三）检察委员会是人民检察院的办案组织和重大业务工作议事决策机构。检察委员会由检察长、副检察长和若干资深检察官组成，成员应当为单数，并设专职委员。各级人民检察院应当提高检察委员会工作规范化、专业化、信息化水平，发挥检察委员会对重大、疑难、复杂案件和其他重大问题的决策功能。

（四）检察长领导本院司法办案工作，重大办案事项由检察长决定。副检察长协助检察长行使办案职权。

（五）人民检察院办理案件，根据履行检察职责需要、案件类型及其复杂难易程度，可以由独任检察官或者由两名以上检察官组成的办案组承办。

检察官办案组可以相对固定设置，也可以根据司法办案需要临时组建。由检察官办案组办理案件的，检察长应当指定一名检察官担任主办检察官。检察长、副检察长、检察委员会专职委员参加检察官办案组的，应当担任主办检察官。

独任检察官、检察官办案组办理案件，可以配备必要的检察辅助人员。

（六）独任检察官、检察官办案组办理案件，在其职权范围内依法作出决定或者依法提出处理意见。检察官办案组办理案件，主办检察官作出决定或者提出处理意见前，应当组织办案组检察官进行讨论或者听取办案组其他检察官意见，并将不同意见记录在案。

（七）独任检察官、检察官办案组办理案件，可以提请业务部门负责人召开检察官联席会议讨论。检察官联席会议讨论意见是独任检察官、检察官办案组办理案件的重要参考。检察官联席会议讨论情况和意见应当全面记录，经参加会议的检察官签名后附卷保存。

（八）办案事项应当由检察长或者检察委员会决定的，检察官办案组或者独任检察官应当提出处理意见，经部门负责人审核后报检察长决定或者报检察长提请检察委员会讨论决定。

（九）独任检察官、检察官办案组办理案件，在坚持专业分工的基础上，以随机分案为主、指定分案为辅。

（十）检察长、副检察长、检察委员会专职委员每年应当作为主办检察官或者独任检察官办理一定数量的案件，并带头办理重大复杂敏感、新类型和在法律适用方面具有普遍指导意义的案件。

三、明确司法办案职权

（十一）下列案件，应当提请检察委员会讨论决定：

1. 涉及国家安全、国家重大利益或者严重影响社会稳定的案件；

2. 拟层报最高人民检察院核准的案件；

3. 拟提请或者提出抗诉的重大、疑难、复杂案件；

4. 拟向上级人民检察院请示的案件；

5. 对检察委员会原决定进行复议的案件；

6. 根据《人民检察院刑事诉讼规则》《人民检察院民事诉讼监督规则》《人民检察院行政诉讼监督规则》《人民检察院公益诉讼办案规则》等的规定，其他需要提请检察委员会讨论决定的重大、疑难、复杂案件。

（十二）检察委员会的决定，检察官应当及时执行。检察官因特殊原因无法及时执行检察委员会决定或者在执行完毕前出现新情况的，应当立即书面报告检察长。

（十三）下列案件或者办案事项，应当由检察长作出决定：

1. 涉及国家安全、国家利益、社会公共利益或者影响社会稳定的案件；

2. 涉及国防、外交等敏感案件；

3. 重大的职务犯罪、涉黑涉恶犯罪、金融犯罪案件；

4. 涉案人数众多，或者社会影响较大，或者危害后果严重的案件；

5. 新类型案件以及对于法律适用具有普遍指导意义的案件；

6. 上级人民检察院交办、下级人民检察院请示、公安机关要求复议和提请复核的案件；

7. 根据《人民检察院刑事诉讼规则》《人民检察院民事诉讼监督规则》《人民检察院行政诉讼监督规则》《人民检察院公益诉讼办案规则》

等的规定，其他需要由检察长决定的办案事项。

（十四）检察官依照法律、司法解释的规定和检察长的委托，依法行使下列职权：

1. 传唤、讯问犯罪嫌疑人、被告人；

2. 询问证人和对诉讼活动具有重要影响的其他诉讼参与人；

3. 组织收集、调取、审核证据，开展调查核实工作；

4. 组织搜查、查封、扣押、冻结、勘验、检查等；

5. 审查案件材料；

6. 主持案件听证会、公益诉讼磋商座谈会；

7. 出席法庭，宣读起诉书（上诉书、抗诉书、出庭意见书）、讯问被告人、对相关证据进行举证质证辩论、发表出庭意见等；

8. 查阅、调取人民法院案卷；

9. 临场监督死刑执行；

10. 检察长委托检察官负责的其他办案事项。

（十五）主办检察官除行使检察官办案职权外，对检察官办案组还应当履行下列职责：

1. 负责检察官办案组办理案件的组织、指挥、协调；

2. 负责编入检察官办案组检察辅助人员的分工、提出考核建议等管理工作。

（十六）省级人民检察院可以结合本地实际，制定辖区内人民检察院检察官职权清单。省级人民检察院制定的检察官职权清单，应当报最高人民检察院备案。

四、明确检察辅助人员职责

（十七）检察官助理在检察官的指导下，可以履行下列职责：

1. 讯问犯罪嫌疑人、被告人，询问证人和其他诉讼参与人；

2. 接待律师及案件相关人员；

3. 收集、调取、核实证据，协助开展调查核实工作；

4. 实施搜查、查封、扣押、冻结、勘验、检查等；

5. 审查案件材料，草拟法律文书；

6. 协助检察官出席法庭，经检察长批准，高阶段的检察官助理可以在检察官就主要事实和法律问题发言后，辅助进行举证质证、补充发表出庭意见、参与法庭辩论；

7. 检察官交办的其他办案事项。

（十八）检察技术人员受检察官的指派、委托，可以履行下列职责：

1. 对与犯罪有关的场所、物品、人身、尸体进行勘验或者检查；

2. 对案件中的专门性问题进行鉴定并出具鉴定意见；

3. 对案件中的技术性证据进行专门审查并出具审查意见；

4. 协助开展调查和收集证据；

5. 其他检察技术辅助工作。

（十九）书记员在检察官指导下，可以履行下列职责：

1. 案件受理、审查、宣告中的事务性准备工作；

2. 案件办理过程中的记录工作；

3. 案件收转、登记和法律文书的文印、送达；

4. 案件材料的录入、保管、整理和案卷装订、归档；

5. 检察官交办的其他事项。

检察官可以指派书记员配合检察官助理开展工作。

（二十）司法警察负责办案场所警戒、人民检察院直接立案侦查案件犯罪现场保护、人员押解和看管、保障调查核实顺利进行、维持听证秩序、参与检察官履职保护等警务事项，依法履行《人民检察院司法警察条例》规定的职责。

五、完善检察权内部制约监督机制

（二十一）上级人民检察院应当加强对下级人民检察院司法办案工

作的领导和监督。上级人民检察院可以指令下级人民检察院纠正错误决定，或者依法撤销、变更下级人民检察院对案件的决定。上级人民检察院对下级人民检察院司法办案工作的指令，应当由检察长或者检察委员会决定，以人民检察院的名义作出。

（二十二）检察长可以对检察官职权范围内决定的案件或者办案事项进行审核。检察长审核案件，可以要求检察官重新审查或者提请检察委员会讨论决定，也可以直接作出决定。

检察长可以要求检察官报告其办理案件的有关情况。有下列情形之一的，检察长可以要求检察官作出说明：

1. 无正当理由不执行检察长、检察委员会决定的；

2. 检察官办理的案件可能受到不当过问、干预的；

3. 当事人举报投诉检察官违法办案的；

4. 律师申诉、控告检察官阻碍其依法行使诉讼权利的；

5. 检察官存在其他未依法履行办案职责情形的。

（二十三）业务部门负责人除作为检察官承办案件外，还应当履行下列监督管理职责：

1. 经检察长授权，对需要提请检察委员会讨论、报请检察长决定的案件，以及拟向检察长报告的案件进行审核；

2. 经检察长授权，对检察官办理案件的起诉书、不起诉决定书、抗诉书、检察建议书、检察意见书等重要法律文书进行审核，审核范围可以由各级人民检察院结合实际依法确定；

3. 召集检察官联席会议讨论案件，为办理案件的检察官或者检察官办案组提供参考意见；

4. 通过听取案件汇报、查看检察业务应用系统、抽查案卷材料等，对本部门检察官办理的案件进行常规检查；

5. 督促检察官执行上级人民检察院以及本院检察长、检察委员会的决定；

6. 对检察官不履行或者不正确履行职责的行为提出纠正意见，并督促整改；

7. 向检察长报告检察官履职情况；

8. 对本部门检察人员开展考核管理；

9. 由业务部门负责人履行的其他职责。

（二十四）业务部门负责人审核案件或者重要法律文书时，可以要求检察官对案件重新审查或者补充相关材料，但不得直接改变检察官意见或者要求检察官改变意见。业务部门负责人与检察官处理意见不一致时，可以召集检察官联席会议讨论，也可以将审核意见连同检察官处理意见一并报检察长决定。检察官处理意见与检察官联席会议多数检察官意见不一致的，业务部门负责人应当将案件报检察长决定。

（二十五）检察长、副检察长、检察委员会专职委员、业务部门负责人以及其他负有监督管理职责的检察人员，怠于履行或者不当履行监督管理权，对检察人员违反检察职责的行为失职失察、隐瞒不报、措施不当的，依照有关规定和程序承担监督管理责任。

六、完善司法责任认定和追究制度

（二十六）检察人员应当对其履行职责的行为终身负责。在司法办案工作中，检察人员故意违反职责，或者因重大过失违反职责造成严重后果的，应当承担司法责任。

（二十七）检察委员会讨论的案件，检察官对其汇报的事实负责，检察委员会委员对本人发表的意见和表决负责。

检察委员会作出错误决定的，检察委员会委员根据错误决定形成的具体情形和主观过错情况，承担相应的司法责任；没有故意或者重大过失的，不承担司法责任。

（二十八）检察长对职权范围内就办案事项作出的决定负责。

检察长对办案事项作出的决定，检察官应当执行。检察官执行检察长决定时，认为决定有错误的，可以提出异议；检察长不改变该决定，或者要求立即执行的，检察官应当执行，执行后果由检察长负责，检察官不承担司法责任。检察官执行检察长明显违法的决定且未提出异议的，应当承担相应的司法责任。

（二十九）独任检察官办理并作出决定的案件，由独任检察官负责。

检察官办案组办理的案件，由主办检察官和其他检察官共同负责。主办检察官对其职权范围内决定的事项负责，其他检察官对自己的行为负责。

检察官故意隐瞒、歪曲事实，或者因重大过失遗漏重要事实、证据或者情节，导致检察委员会、检察长作出错误决定的，主要由检察官承担司法责任。

（三十）独任检察官、检察官办案组根据检察长、副检察长、检察委员会专职委员、业务部门负责人对案件重新审查的要求，改变原决定从而作出错误决定，前述负有监督管理职责的人员存在故意或者重大过失的，承担监督管理责任；独任检察官、检察官办案组存在故意或者重大过失的，承担司法责任。

（三十一）检察辅助人员参与司法办案工作，对自己职责范围内的办案工作负责。

对于检察官在职权范围内作出决定的事项，检察辅助人员不承担司法责任。检察辅助人员有故意或者重大过失行为，导致检察官作出错误决定的，应当承担相应的司法责任。

检察官授意、指使检察辅助人员实施违反检察职责行为，由检察官承担司法责任。检察辅助人员执行明显违法的指令且未提出异议的，应当承担相应的司法责任。

（三十二）上级人民检察院改变下级人民检察院意见的，由上级人民检察院有关人员就改变部分负责。

下级人民检察院有关人员故意隐瞒、歪曲事实，或者因重大过失遗漏重要事实、证据或者情节，导致上级人民检察院作出错误命令、决定的，由下级人民检察院有关人员承担司法责任；上级人民检察院有关人员存在故意和重大过失的，应当承担相应的司法责任。

（三十三）检察人员在履行职责过程中，虽有错误后果发生，但已经尽到必要注意义务，对后果发生仅有一般过失的，不承担司法责任。

（三十四）检察人员在事实认定、证据采信、法律适用、办案程序、文书制作等方面不符合法律和有关规定，但不影响案件结论的正确性和效力的，属司法瑕疵，不因此承担司法责任。

（三十五）最高人民检察院和各省、自治区、直辖市设立检察官惩戒委员会，从专业角度对检察官的司法责任进行审查。人民检察院承担检务督察工作的部门经调查认为检察官存在违反检察职责的行为，需要追究司法责任的，报检察长批准后，提请检察官惩戒委员会审议。检察官惩戒委员会审议后，提出构成故意违反职责、存在重大过失、一般过失或者没有违反职责等审查意见。检察官惩戒委员会提出审查意见后，人民检察院应当依照相关规定作出是否予以惩戒的决定，并给予相应处理。

（三十六）对应当承担司法责任的检察人员，根据其违反检察职责行为的性质、情节、后果等，追究相应的纪律责任、法律责任。

关于司法责任追究、检察官惩戒的具体情形、程序等按照《人民检察院司法责任追究条例》《检察官惩戒工作程序规定》等相关规定执行。

（三十七）检察人员能够主动纠错、说明情况，如实记录报告干预司法活动、插手具体案件处理、违规过问案件、不当接触交往等情况的，可以从宽处理。对抗、阻碍或者指使他人对抗、阻碍司法责任调查和追究的，应当从严处理。

（三十八）检察人员对处理决定不服的，可以申请复核，提出申诉。

（三十九）对检察人员检举控告失实需要澄清的，应当采取适当方式进行澄清。对检察人员诬告陷害的，应当依法予以追究。

七、完善检察权管理机制

（四十）检察办案工作原则上应当在检察业务应用系统上运行，实现办案信息网上录入、办案流程网上管理、办案活动网上监督。人民检察院案件管理部门对检察官办理案件的程序进行实时、动态监督，发现问题的，应当提出意见，通报案件承办部门、承办检察官或者移送本院检务督察部门。

（四十一）完善检察人员考核机制，综合考评办案数量、质量、效率、效果等。考核结果作为干部评先评优、晋职晋级、检察官员额管理、绩效奖金发放的重要依据。

检察官年度考核不称职，应当降低检察官等级，经检察官考评委员会认定不能胜任检察官职务的，应当按照程序退出检察官员额。

（四十二）综合运用常规抽查、重点评查、专项评查等方式，对检察官已经办结案件的质量进行检查评定。加强评查结果运用，将案件质量评查结果作为评价检察官办案业绩的重要依据，纳入检察官考核管理体系。

（四十三）健全防止干预司法“三个规定”常态化落实机制，严格执行过问或干预、插手检察办案的记录报告制度，完善记录报告内容核查、违纪违法案件倒查等机制。

（四十四）进一步完善案件信息公开平台建设，优化检务公开工作，统筹信息公开与维护国家安全、数据安全、个人隐私的关系，进一步规范向当事人公开和向社会公开的范围、标准、程序，以公开促公正、提升司法公信力。

八、附则

（四十五）本意见所称检察人员包括检察长、副检察长、检察委员会委员、其他检察官和检察辅助人员。检察辅助人员包括检察官助理、书记员、检察技术人员、司法警察。业务部门负责人包括具有检察官身份的部门正职、副职。

（四十六）本意见所列检察长行使的职权，检察长可以委托副检察长、检察委员会专职委员行使。

（四十七）本意见第（十一）（十三）条所列案件由检察委员会、检察长决定的，指的是以人民检察院名义作出是否起诉、抗诉、发出检察建议等对案件处理具有决定性意义的事项。其他事项需要报请检察委员会、检察长决定的，按照最高人民检察院有关规定和各级人民检察院职权清单的规定执行。

（四十八）本意见自发布之日起施行，2015 年最高人民检察院印发的《关于完善人民检察院司法责任制的若干意见》（高检发〔2015〕10 号）同时废止。其他文件规定与本意见不一致的，以本意见为准。本意见由最高人民检察院负责解释。

解读《最高人民检察院关于人民检察院全面准确落实司法责任制的若干意见》

高景峰　许栋梁*

为贯彻落实党的二十大关于“深化司法体制综合配套改革，全面准确落实司法责任制”的部署，最高人民检察院组织专门力量对 2015 年 9 月出台的《最高人民检察院关于完善人民检察院司法责任制的若干意见》（以下简称 2015 年《若干意见》）进行了全面修订，形成《最

* 作者单位：最高人民检察院法律政策研究室。

高人民检察院关于人民检察院全面准确落实司法责任制的若干意见》（以下简称2024年《若干意见》）。经中央全面深化改革委员会审议通过，于2024年7月4日印发实施。该文件充分体现了党的二十届三中全会关于进一步全面深化改革、“确保执法司法各环节全过程在有效制约监督下运行”“落实和完善司法责任制”的要求，是今后一个时期检察机关全面准确落实、健全完善司法责任制的框架性文件。各级检察机关要认真领会修订的背景和主要内容，严格贯彻落实，推动检察权公正、规范、高效、廉洁运行。

一、修订背景

党的十八届三中全会部署的司法责任制改革，是对司法权、检察权运行的一场深层次意义上的变革，是习近平法治思想的重要内容。改革十年来，取得巨大成效。司法责任制经历了从“落实”到“全面落实”，再到“全面准确落实”“落实和完善”的过程。这既体现出党中央一以贯之紧紧牵住司法责任制这个司法体制改革的“牛鼻子”，更蕴含着党对司法工作规律性认识的持续深化。特别是在司法实践中，司法责任制改革推动解决了司法工作中长期以来存在的一些痛点难点问题，形成更加符合司法规律和检察工作规律的检察权运行机制，激发了广大检察人员的主观能动性，检察人员的政治能力、专业能力有了新的提高，检察办案质效和人民群众满意度明显提升。

2015年《若干意见》在检察机关司法责任制改革试点、全面推行过程中发挥了重要引领作用。随着司法责任制改革深入推进，实践中出现了一些新情况和新问题，2015年《若干意见》的一些规定已经不能适应当前工作需要。一是监察体制改革后，检察职能发生了重大变化，反贪、反渎职能转隶，同时增加了公益诉讼检察职能，检察权运行方式随之有相应变化。二是人民检察院组织法、检察官法修订后，对原来试点阶段的做法进行了总结、规范，2015年《若干意见》的一些规定与法律规定不尽一致，需要作出相应调整。比如，2015 年《若干意见》第九条规定，“以人民检察院名义制发的法律文书，由检察长（分管副检察长）签发”；第三十九条规定，“对于检察官在职权范围内作出决定的事项，检察长（副检察长）不因签发法律文书承担司法责任”。而根据人民检察院组织法第二十九条的规定，对于检察官在职权范围内作出决定的事项，法律文书由检察官自己签发，不需要检察长签发。三是司法不公、执法不严等问题仍然存在，关系案、人情案、金钱案时有发生，一个重要的原因是在司法权运行过程中，放权的同时控权不足，需要加强对司法权的监督管理。四是司法责任制已经到了深入落实阶段，相关改革配套举措还不完善、工作衔接还不到位、有的机制还不够明确。为了适应新的形势，解决改革中发现的问题，全面贯彻落实党的二十大精神和党的二十届三中全会通过的《中共中央关于进一步全面深化改革、推进中国式现代化的决定》，进一步全面深化检察改革，不断增强改革的系统性、整体性和协同性，推动健全公正高效权威的中国特色社会主义司法制度和检察制度，最高人民检察院在对 2015 年《若干意见》进行全面修订的基础上，形成 2024 年《若干意见》。

二、修订时的主要考虑

公正司法是习近平法治思想的重要组成部分。党的二十大、党的二十届三中全会对公正司法提出了新的更高要求。近年来，最高人民检察院党组提出，让“高质效办好每一个案件”成为新时代新征程检察履职办案的基本价值追求，在实体上确保实现公平正义，在程序上让公平正义更好更快实现，在效果上让人民群众可感受、能感受、感受到公平正义，做到检察办案质量、效率、效果有机统一于公平正义。修订 2015 年《若干意见》的主要目的是推动全国检察机关全面准确落实、健全完善司法责任制，为“高质效办好每一个案件”提供更加坚实的制度保障，努力让人民群众在每一个司法案件中感受到公平正义。

（一）持续深化巩固

2015年《若干意见》把“谁办案谁负责、谁决定谁负责”作为检察机关落实司法责任制的主要目标，充分体现了司法规律和检察工作特点。这是检察机关落实司法责任制的核心要义。2024年《若干意见》一以贯之坚持该原则，对相关内容进行了细化。例如，第十条针对有的领导干部入了额却不办案或者挂名办案的问题，明确了领导干部带头办案的规定，即“检察长、副检察长、检察委员会专职委员每年应当作为主办检察官或者独任检察官办理一定数量的案件，并带头办理重大复杂敏感、新类型和在法律适用方面具有普遍指导意义的案件”。又如，为了进一步增强检察官履职责任心，第四十一条规定了检察官年度考核不称职，应当降低检察官等级，经检察官考评委员会认定不能胜任检察官职务的，应当按照程序退出检察官员额的要求。

（二）贯彻立法精神

修订后的人民检察院组织法、检察官法集中吸收了司法责任制改革成果，作出了一系列规定，2024年《若干意见》既要与立法规定保持一致，还要在此基础上进一步配套落实。例如，重大案件由检察长决定是人民检察院组织法的明确要求。但哪些属于重大案件，人民检察院组织法并没有规定，办案实践中也比较困惑。2015年《若干意见》中对检察长决定的办案事项的规定略显宽泛，基本上涵盖了各个办案环节，重大案件的特点未能体现出来，针对性和操作性不强。2024年《若干意见》采用“归类列举+概括指引”的方式，规定了七类检察长决定的案件，为检察长决定的案件划定了基本范围。又如，将法律文书的签发统一为人民检察院组织法第二十九条的表述。

（三）做到全面落实

全面，就是要加强相关工作和机制的系统性、全局性、协同性。在主体方面，要考虑三类人员职务序列的配套衔接。在职权配置方面，既要明晰检察委员会、检察长、检察官职责权限，又要明确检察官助理、书记员等职责范围。在责任落实方面，既要考虑司法办案职责，又要考虑监督管理职责。例如，“谁办案谁负责”，并不是只有检察官对案件负责，而是要求所有参与办案的人员必须依法认真办理案件，对所承担的办案事项负责。2015 年《若干意见》规定了检察长、检察委员会、检察官、检察官助理的办案职责，但未能明确书记员、检察技术人员、司法警察的职责。在办案实践中，这三类人员也是办案的重要力量，对其办案行为应当一并规范。2024 年《若干意见》第十八条至第二十条分别规定了上述人员的职责。同时，为解决实践中有的检察人员能力断档、检察官培养机制不健全等问题，第十七条规定对检察官助理的职责进行了完善，以加强检察官后备力量建设。

（四）力求准确落实

准确，就是要在公正司法的价值目标引领下，处理好公正与效率、放权与管权、惩戒与保障、重大过失与一般过失、违法与犯罪等一系列关系。一是坚持“放权”与“控权”并重。2024 年《若干意见》贯彻落实党的二十大报告提出的“规范司法权力运行”“强化对司法活动的制约监督”的要求，专章规定了“完善检察权内部制约监督机制”，分别规定了上级检察院对下级检察院的监督、检察长的监督、部门负责人的监督、监督管理责任等。其中，在检察长的监督方面，第二十二条明确检察长可以要求检察官报告办案情况，特定情况下可以要求检察官作出说明。在业务部门负责人的监督方面，第二十三条规定对需要提请检察委员会讨论的事项或者报请检察长决定，以及需要向检察长报告的案件进行实质审核；对检察官办理案件的起诉书、不起诉决定书、抗诉书、检察建议书、检察意见书等重要法律文书进行审核。需要说明的是，加强制约监督并不是改变“谁办案谁负责”的要求，而是帮助、督促检察官正确履职，强化检察官履职的规范性。二是坚持惩戒与保护并重。严格区分违法办案责任与一般过失、司法瑕疵的界限，该严则严，当宽则宽。第三十五条细化了检察官惩戒有关程序。第三十七条增加了从宽、从严处理的规定。此外，还调整了复核申诉、检察官履职权利保障等表述。

三、修订的主要内容

2024 年《若干意见》分为 8 个部分共 48 条，分别是目标和原则、健全司法办案组织及运行机制、明确司法办案职权、明确检察辅助人员职责、完善检察权内部制约监督机制、完善司法责任认定和追究制度、完善检察权管理机制以及附则。

第一部分，目标和原则。明确了全面准确落实司法责任制的总体目标，即“建立权责明晰，权责相当，公正、规范、高效、廉洁的检察权运行机制，高质效办好每一个案件，努力让人民群众在每一个司法案件中感受到公平正义”，提出坚持党对检察工作的绝对领导，遵循司法规律，坚持“谁办案谁负责、谁决定谁负责”，坚持突出检察官办案主体地位与加强制约监督、强化检察长对司法办案工作领导有机结合，惩戒与保护并重，自觉接受外部监督等六个原则。

第二部分，健全司法办案组织及运行机制。2024 年《若干意见》第三条至第六条规定了检察委员会、检察长、独任检察官、检察官办案组等四类办案组织的设置和运行规则。其中，独任检察官和检察官办案组是人民检察院组织法规定的两种基本办案组织形式，具体办理案件时，需要根据履行检察职责需要、案件类型及其复杂难易程度，选择由独任检察官或者检察官办案组承办。2015 年《若干意见》第五条至第七条对审查逮捕、审查起诉案件，检察机关直接受理立案侦查的案件，诉讼监督等其他法律监督案件如何确定办案组织分别作了规定，考虑到两种办案组织最重要的选择标准其实就是重大复杂难易程度，特别是监察体制改革后检察机关的职能更加丰富，对每一类型都作具体规定实无必要，因此进行了简化。

同时，2015 年《若干意见》第四条规定，无论独任检察官还是检察官办案组承办案件，均配备必要的检察辅助人员。2024 年《若干意见》第五条将其修订为独任检察官、检察官办案组办理案件，可以配备必要的检察辅助人员。主要考虑是实践中有的地方检察官助理、书记员短缺，无法做到 1∶1 配备，因而应当灵活掌握。第六条明确了办案组内主办检察官与普通检察官的关系，规定“主办检察官作出决定或者提出处理意见前，应当组织办案组检察官进行讨论或者听取办案组其他检察官意见，并将不同意见记录在案”。这有两层含义：一是检察官办案组办理案件，决定应当由主办检察官作出；二是主办检察官作出的决定，应当建立在听取其他检察官意见的基础上，并接受其他检察官的监督。第九条明确了案件分配的规则，即在坚持专业分工的基础上，以随机分案为主、指定分案为辅。与原来相比，增加了“专业分工的基础上”的表述，这样有助于检察工作专业化发展，也符合检察工作现代化发展的要求。第十条新增了领导干部带头办案的规定。领导干部带头办案，是党中央、最高人民检察院一直以来的要求，领导干部作为主办检察官或者独任检察官办理案件，特别是带头办理重大复杂敏感、新类型和在法律适用方面具有普遍指导意义的案件具有重要引领示范作用：一方面，有助于全面准确落实司法责任制，强化对检察工作的管理；另一方面，对于一些员额数量本就不多的基层检察院，有助于缓解人案矛盾，减轻其他检察官的压力。具体办案数量可以结合党中央有关规定和各级检察院实际情况掌握。

第三部分，明确司法办案职权。分别规定了检察委员会、检察长、检察官的职权。第十一条结合《人民检察院检察委员会工作规则》的规定，细化了检察委员会讨论决定的案件范围。第十三条原则性规定了检察长决定的重大疑难复杂案件。在征求意见时，有的地方提出此条关于检察长行使决定权的案件规定略显原则，建议再细化。考虑到重大疑难复杂案件在不同层级有不同认识，2024年《若干意见》难以作出适用各级检察机关、一次到位的规定，只能提供一个原则性规定，留给各省级检察院在完善职权清单时结合本地实际再细化。例如，第四项“涉案人数众多，或者社会影响较大，或者危害后果严重的案件”，这项包含的内容比较宽泛，主要是给各地细化职权清单留出空间，有的地方在职权清单中将可能判处十年以上有期徒刑的案件，设定为基层检察院的重大案件，其他地方也可以借鉴类似的规定。这里需要结合附则中的条款来理解，根据2024年《若干意见》附则部分第四十七条规定，第十一条、第十三条所列案件由检察委员会、检察长决定的，指的是以检察机关名义作出是否起诉、抗诉、发出检察建议等对案件处理具有决定性意义的事项。重大案件办案环节相对较多，检察长由于精力所限无法参与完成办案的所有环节，并不是办案过程中的所有事项都要由检察长决定。当然，《人民检察院刑事诉讼规则》《人民检察院民事诉讼监督规则》《人民检察院行政诉讼监督规则》《人民检察院公益诉讼办案规则》以及各级检察机关职权清单另有规定其他事项需要报请检察委员会、检察长决定的，应当遵照这些规定执行，2024年《若干意见》不再重复列举。

第十四条规定了检察官的办案职权。此条与检察委员会、检察长决定案件的范围有所不同，主要着眼于具体的办案事项，因为除了前述检察委员会、检察长决定的案件，其他案件均可以由检察官（或办案组）决定，没有必要再列举案件类型，而是改为从办案职权入手进行列举。由于检察官办案职权比较多，仅列举了比较有代表性的几类职权，同时也兼顾了“四大检察”的不同工作内容。与2015年《若干意见》相比，一个重要变化是取消了“至少亲自讯问一次、亲自承担”等表述。考虑到讯问犯罪嫌疑人、询问证人、收集调取审核证据等，是检察官办案的应有之义，是亲历性的重要表现，不应再规定至少讯问一次。“亲自”二字带有从常理上说不必自己去做的含义，甚至带有居高临下的姿态，这不符合检察官的职责定位。另外，规定由检察官“亲自”完成，这在实践中还造成了一定认识分歧，有的认为检察官亲自承担就意味着检察官一个人干，不能要求辅助人员协助。这实际上是一个误区，检察官亲历办案与辅助人员的协助行为并不是泾渭分明的两个行为，而是分工合作下的共同行为。在多数情况下，检察官需要在辅助人员的协助下完成讯问、询问、审查证据、出席法庭等。但是实践中有的检察官当甩手掌柜，存在审批式办案现象，明显违背了此条规定。

办案组主办检察官行使的职权主要有两项：负责检察官办案组办理案件的组织、指挥、协调；负责编入检察官办案组检察辅助人员的分工、提出考核建议等管理工作。2015 年《若干意见》中“主任检察官”承担了办案组成员的管理工作，但具体管理的内容并不明确，为了相对明确，并且与内设机构负责人的职责有所区别，这里仅规定主办检察官对检察辅助人员的分工、提出考核建议等管理工作。

第十六条赋予省级检察院职权清单的制定权。2024 年《若干意见》将权力清单修改为职权清单，主要理由是要与立法保持一致。人民检察院组织法第三十四条规定，“人民检察院实行检察官办案责任制。检察官对其职权范围内就案件作出的决定负责”。检察官“职权范围”的表现形式就是职权清单。从近年来地方制定权力清单的情况看，也有的把权力清单命名为“职权划分的意见”等，具有一定合理性，原因如下。一是检察官职责与权力紧密关联，很难完全将其剥离开来；二是对上级检察院来说，检察院层级越高，疑难复杂案件比例越高，检察官决定权的空间就越小，权力清单中对检察官的规定就更多地表现为职责而不是权力。需要注意的是，职权清单中关于职责的规定需要与办案决定权紧密关联，特别是不宜再将非办案业务规定其中，以致权力清单过于庞杂，从而淡化了其原有的功能。

第四部分，明确检察辅助人员职责。第十七条至第二十条分别规定了检察官助理、书记员、检察技术人员和司法警察的职责。与2015年《若干意见》相比，比较重要的变化是修订完善了检察官助理的职责，增加规定了书记员、检察技术人员和司法警察的职责。为了加强对检察官助理的培养锻炼，规定经检察长批准，高阶段的检察官助理可以在检察官就主要事实和法律问题发言后，辅助进行举证质证、补充发表出庭意见、参与法庭辩论。第十九条在规定书记员职责时还规定，检察官可以指派书记员配合检察官助理开展工作。这主要是为了处理好检察官助理与书记员的关系。检察官助理与书记员尽管属于不同类型的人员，但工作中需要在检察官的领导下相互衔接、协作配合，书记员有时也需要在检察官助理的带领下完成一些辅助性工作。

第五部分，完善检察权内部制约监督机制。为贯彻党的二十大报告关于加强司法活动的制约监督的要求，2024年《若干意见》将完善检察权内部制约监督机制单列为一个部分，分别规定了上级检察院对下级检察院的监督、检察长的监督、部门负责人的监督、监督管理责任等。

1. 关于检察长的监督

第二十二条明确了检察长可以对检察官职权范围内决定的案件或者办案事项进行审核，可以要求检察官报告其办理案件的有关情况，有下列情形之一的，检察长还可以要求检察官作出说明，以便于检察长核实并作出处置：无正当理由不执行检察长、检察委员会的决定；检察官办理的案件可能受到不当过问、干预的；当事人举报投诉检察官违法办案的；律师申诉、控告检察官阻碍其依法行使诉讼权利的；检察官存在其他未依法履行办案职责情形的。上述职责符合检察一体化的特征，也有助于加强对检察官办理案件的监督。

2. 关于业务部门负责人的监督

第二十三条规定了业务部门负责人的九项职责。业务部门负责人是检察长管理工作的重要协助者，在检察业务监督管理体系中发挥着重要作用。归结起来，2024年《若干意见》赋予业务部门负责人以下几类职责：（1）案件的审核。即对需要提请检察委员会讨论、报请检察长决定的案件，以及拟向检察长报告的案件进行审核；对检察官办理案件的起诉书、不起诉决定书、抗诉书、检察建议书、检察意见书等重要法律文书进行审核。考虑到各地工作的差异性，部门负责人审核范围不宜“一刀切”，需要考虑检察院级别、案多案少、检察官素养等多种因素，因此关于部门负责人的审核范围，也赋予了各级检察院一定的自主权。各地可以在职权清单中进一步明确。（2）办案的管理。例如，召集检察官联席会议讨论案件，为办理案件的检察官或者检察官办案组提供参考意见；通过听取案件汇报、查看全国检察业务应用系统、抽查案卷材料等，对本部门检察官办理的案件进行常规检查。（3）对人的管理。例如，对检察官不履行或者不正确履行职责的行为提出纠正意见，并督促整改；向检察长报告检察官履职情况；对本部门检察人员开展考核管理；等等。

3. 关于监督管理责任的定位

第二十五条单独规定了检察长、副检察长、业务部门负责人等的监督管理责任。与2015年《若干意见》相比，此次修改的一个重要变化就是对监督管理责任进行了重新定位。原来的监督管理责任与故意、重大过失并列，属于司法责任的形式之一。监督管理和故意、重大过失的分类标准并不统一，实践中容易造成混淆。因此，此次修订将监督管理责任单列出来：一方面，更加有利于明确谁来办案、谁来监督的问题；另一方面，也更加凸显了监督管理的重要性。

第六部分，完善司法责任认定和追究制度。与2015年《若干意见》相比，这部分进行了简化处理，没有再规定故意和重大过失的具体情形。考虑到相关内容在同步修订的《人民检察院司法责任追究条例》中已经作了详细规定，因此没有再重复规定。第二十六条规定了司法责任的基本类别，即故意违反职责和因重大过失违反职责造成严重后果的司法责任。第二十七条至第三十二条规定了不同主体的司法责任划分。其中第三十条明确了同一案件中监督责任与司法责任如何承担的问题，即独任检察官、检察官办案组根据检察长、副检察长、检察委员会专职委员、业务部门负责人对案件重新审查的要求，改变原决定从而作出错误决定，前述负有监督管理职责的人员存在故意或者重大过失的，承担监督管理责任；独任检察官、检察官办案组存在故意或者重大过失的，承担司法责任。主要考虑还是把监督和办案分开，防止办案主体和监督主体混淆。

第三十三条至第三十四条分别规定了一般过失、司法瑕疵两种不承担司法责任的情形。第三十五条至第三十九条规定了检察官惩戒、司法责任追究、从宽从严处理、复核申诉、检察官履职权利保障等，与《人民检察院司法责任追究条例》《检察官惩戒工作程序规定（试行）》等内容基本一致。

第七部分，完善检察权管理机制。重点规定了办案流程信息化、检察人员考核、案件质量评查、落实“三个规定”、案件信息公开等，与2015年《若干意见》相比没有大的变化，主要是对一些表述的修正。其中第四十一条规定，检察官年度考核不称职的，要降低检察官等级，经检察官考评委员会认定不能胜任检察官职务的，应当按照程序退出检察官员额。主要考虑是综合运用“降级”与“退额”等组织处理形式，既推动检察人员守住依法办案的底线，更要推动检察人员树立践行“高质效办好每一个案件”的价值追求。

第八部分，附则。主要界定了相关表述和2024年《若干意见》的效力问题。对于检察人员的范围，征求意见时有地方提出应当包括司法行政人员。此处仅是限于办案过程中的检察人员，因此没有包含司法行政人员。业务部门负责人包括具有检察官身份的部门正职、副职。这里包含两层意思：一是必须是具有检察官身份的部门负责人。根据相关规定，业务部门负责人一般由检察官担任，实践中也有地方探索由未取得检察官身份的人担任业务部门副职，从事党建、行政等工作，发挥了重要作用。但根据司法责任制的原理，未取得检察官身份的部门负责人，不能审核案件、主持召开检察官联席会议等。二是既包括正职，也包括副职。一般指的是正职，正职暂无法正常履职的，由副职履行上述职责，避免监督层级太多影响办案效率。当然，也可以由正副职进行合理分工，具体如何履职要结合不同检察院、不同部门实际情况来确定。2024年《若干意见》所列检察长行使的职权，检察长可以委托副检察长、检察委员会专职委员行使。2015年《若干意见》表述为“检察长（分管副检察长）”，在加入检察委员会专职委员后，按照上述表述方式就显得十分烦琐，故在附则中统一规定。

四、贯彻落实

2024年《若干意见》是检察机关贯彻落实党的二十大、党的二十届三中全会精神，全面准确落实和完善司法责任制的基础性文件。各级检察机关要高度重视，全面组织学习，认真贯彻落实。

一是结合党的二十大、党的二十届三中全会决策部署系统学习理解。要结合“深化司法体制综合配套改革，全面准确落实司法责任制”“落实和完善司法责任制”的要求，深刻理解修订的相关背景和主要内容，把落实2024年《若干意见》作为贯彻党的二十大、党的二十届三中全会精神的重要抓手，推动各项工作高质量发展。要把2024年《若干意见》和人民检察院组织法、检察官法与《人民检察院司法责任追究条例》《最高人民检察院关于进一步加强人民检察院检察官助理管理工作的意见》以及《人民检察院刑事诉讼规则》《人民检察院民事诉讼监督规则》《人民检察院行政诉讼监督规则》《人民检察院公益诉讼办案规则》等结合起来，理解其中的逻辑关系，熟知相关规定，做到融会贯通。

二是结合实际做好职权清单及其他规定的动态调整。2024年《若干意见》在修订时，吸取了各地制定职权清单的有益经验，也适当考虑了印发后与各地检察官职权清单的兼容问题。各地要按照2024年《若干意见》的规定对本辖区检察官职权清单、领导干部监督管理、检察辅助人员职责等规定进行梳理，如有不一致的，结合实际及时进行动态调整。

三是发挥领导干部引领带头作用。领导干部既是司法办案的主体，也是监督管理的主体，要充分发挥示范带头作用，全面准确落实司法责任。检察长、副检察长、检察委员会专职委员要按照《最高人民检察院关于检察长、副检察长、检察委员会专职委员办理案件有关问题的意见》的要求履行好办案职权，特别是要作为主办检察官直接办理案件。要建立健全领导干部直接办案清单制度，结合2024年《若干意见》的规定，进一步明确入额院领导应当办理的重大复杂敏感与新类型案件类型，优化领导干部办案考核、通报制度。业务部门负责人要切实履行审核把关责任，根据检察长的授权加强对案件的监督管理。

四是严肃追究司法责任。追责惩戒是落实司法责任的关键环节。严肃追责是全面准确落实司法责任制的必然要求。要落实“有权必有责”，对于受人请托办人情案、金钱案、关系案等严重违纪违法行为，要严格执行检察官惩戒程序，依纪依规依法严肃追究违法办案责任。同时，要严格区分一般过失与重大过失、司法瑕疵与司法责任，完善容错机制，做到精准问责、规范问责。要贯彻落实“三个区分开来”的要求，加强检察人员权益保障，鼓励检察人员在职权范围内依法履职，充分发挥主观能动性，努力做到高质效办好每一个案件。

把符合司法规律的审判管理做优，把为基层减负做实

——最高人民法院审管办负责人就《人民法院审判质量管理指标体系》修订情况答记者问

为深入贯彻中央关于整治形式主义为基层减负的要求，不断做优符合司法规律的审判管理，把习近平法治思想贯彻落实到审判执行全过程、各环节，最高人民法院印发了修订后的《人民法院审判质量管理指标体系》(以下简称指标体系)。最高人民法院审管办负责人就本次修订情况回答了记者提问。

问：请介绍一下指标体系的运行情况及其本次修订的背景。

答：人民法院的主责主业是审判执行工作。管住案，是管好人、治强院的落点，是把党建、队建落到实处的必然要求。提升案件审判质效，需要法官自律，更需要科学管理。因此，有必要将审判质量管理指标体系作为案件审判质效的“体检表”，以质量优先、兼顾效率、注重效果为导向，引导各级人民法院从检视出的问题中发现、纠治工作中的不足，在全面提升审判质效、实质性化解矛盾上狠下功夫。

2024 年 1 月，经过近半年的试运行，全国法院开始适用指标体系。指标体系包含 26 项指标，多数指标设合理区间参考值，在区间范围内即为达标，防止盲目攀比、追高压低。需要强调的是，指标设置从一开始就以“精简和必要”为原则，力戒烦琐冗余。2023 年第三季度在 11 个省份试点时，探索设置了 29 项指标。第四季度在全国法院试行时，调整为 28 项。2024 年 1 月正式施行时，又压缩为 26 项。

2023年下半年以来，全国法院以指标体系为牵引，定期对照体检、分析会商、靶向施策，审判执行工作质量、效率、效果提升明显。2024年上半年，全国法院26项指标中有23项同比趋优、向好。案-件比、审限内结案率、超12个月未结案件比、执行到位率等指标在提升人民群众司法获得感方面，起到了十分重要的导向性、督促性作用。实践证明，指标体系总体上是符合司法规律、科学务实管用的，有利于促推各级人民法院改进工作、提升审判质效，更好地满足人民群众司法需求。

同时，我们也在调研中发现，一些地方法院在运用指标体系过程中，仍然存在变形走样、背离规律的现象，增加了基层负担。例如，有的法院抱持"唯数据论"的错误政绩观，将抓指标等同于抓工作，额外增加不科学、不必要的指标，把指标任务层层摊派、逐级加码，令一线法官不堪重负、无所适从。又如，有的高级、中级人民法院热衷于对辖区法院张榜排名，甚至在已进入合理区间情况下仍通报名次，导致基层跟风攀比，为名次所累。再如，有的法院不能系统地、辩证地看待指标体系，要么为片面追求绝对的"低改发率"而"能维持尽维持"，要么为美化诉前调解数据刻意压降收案数量，严重损害当事人诉讼权利。

针对上述问题，为深入贯彻落实中共中央办公厅、国务院办公厅印发《整治形式主义为基层减负若干规定》，切实纠治实践中存在的对指标体系理解不准确、运用不科学等突出问题，最高人民法院组织开展深入调研，通过问卷调查、座谈交流、个人访谈等方式，全面听取了三级法院意见。问卷调查显示，90%以上的法院干警认为指标体系是分析研判审判运行态势、开展审判管理工作的重要抓手，有利于助推严格公正司法，很有必要，应当完善好、运用好，充分发挥促推提升审判质效的作用。同时，大家也建议，可以根据实践运行情况，进一步优化、精简现行指标体系，更加聚焦解决制约审判质效的深层次问题，把指标评价成效更多体现在提升人民群众的司法获得感上。

最高人民法院党组在充分听取上述意见基础上，决定修订完善指标体系，进一步精简现行指标，改进数据通报机制、降低通报频次，突出强调指标体系查弱项、促提升的作用。同时，还决定全面取消立案、执行等具体工作条线的质效评估指标，只保留精简后的指标体系这“一把尺子”，防止多头评价，做到统一、规范，将为基层减负做深做实。

问：请介绍指标体系本次修订的基本思路和主要内容。

答：本次修订后，指标体系从26项减少到18项，精简比例近三分之一，部分指标的业务口径、合理区间参考值也作了优化调整。以下是修订指标体系的基本思路和主要内容。

第一，坚决贯彻党中央整治形式主义为基层减负的决策部署，把符合司法规律的审判管理做优。全国有3500多家法院、12.7万名法官，指标体系必须抓主要、管重点。同时，全国89%以上的案件都在基层法院，指标的功能重在评价和促推，决不能“唯数据论”，额外增加基层负累。数据通报的频次也应当精简，用来通报的指标应当聚焦重点领域、关键环节，具有引领、提示、督促价值。因此，为基层减负工作必须把“减”和“简”抓准抓实，以符合司法规律作为基本考量。经过深入研判、对比分析，这次修订直接取消了6项分析价值可被关联数据或业务指导取代的指标。例如，法官人均结案数是由收案体量和法官数量决定的，与所在地区经济水平、政策变化、人口规模等客观因素有关，各个地区、条线差异很大，过分追求该指标必然异化为基层负担，不宜作为评价指标。又如，一年多来，在最高人民法院相关业务部门有效指导下，制发司法建议已被各级人民法院纳入日常工作机制，实践中也已总体做到遵循确有必要的原则，无须再专设相关指标。上述精简，有利于进一步松绑解绳卸担子，助力基层轻装上阵，激励广大干警更好干事创业、担当作为。

第二，坚持以人民为中心，更加聚焦提升人民群众司法获得感、满意度。指标体系是对照人民群众对审判质量、效率、效果的需求设置的，目的就是让各级人民法院定期检视问题、改进工作，“努力让人民群众在每一个司法案件中感受到公平正义”。实践中，决不能为了“数据好看”而让群众“事情难办”，更不能本末倒置，将审判执行工作变成“围着数据转、奔着数据干”。例如，起诉、上诉、申诉、申请再审都是当事人的法定权利，相关案件数量如果增长，应该成为我们改进工作的压力，但不能异化为限制诉权的冲动。指标体系本次修订中，针对一些法院过度追求“低改发率”甚至“零改发率”的做法，我们将一审裁判被改判率与被发回重审率、生效裁判被改判率与被发回重审率分别合并调整为二审改判-发回重审比、再审改判-发回重审比，引导中级以上法院在纠偏纠错时，树立“当改则改、慎重发回、定分止争”的工作理念，尽可能依法直接改判，减少不必要甚至不负责任的发回重审，防止程序空转，尊重和维护当事人诉权。又如，部分法院为了追求诉前调解成功分流率和诉前调解案件申请执行率“达标”，存在在诉前阶段强推调解、不及时立案行为。指标体系本次修订经充分调研论证，对这两个指标设置了更趋合理的区间参考值。这样有利于下级法院实事求是开展好调解工作，促推多元解纷、有效分流，该立案的及时立案，做实“能调则调、当判则判”，让调解工作贯穿诉讼全程，切实减少群众讼累，实现优质高效解纷。需要指出的是，指标体系本次修订过程中，也有地方法院建议取消或压减二审开庭率指标，但我们认为，这一指标能够反映二审案件程序透明度和庭审实质化水平，有利于提升司法公信力和促进服判息诉，仍有必要保留。实践中，二审是否开庭应当依照诉讼法、司法解释和个案情形决定，发挥好二审终审和定分止争作用。根据各级人民法院建议，我们剔除了撤回上诉、按撤回上诉处理的案件，以加强对二审开庭案件的监督管理，确保符合法定条件的二审案件均得到开庭审理。

第三，尊重司法规律，坚持实事求是，更加注重促推提升审判质效。指标体系是一个有机整体，不宜孤立看待、机械管理，应当更加注重系统分析、综合判断指标之间的互动关联。每个指标都是某一领域客观情况的反映，都是相对的，不能绝对化，不是所有指数都高或都低就是好，更不能为了追求所谓“样样好”，造假、注水导致“反管理”。指标体系本次修订，我们注重从源头上遏制类似“反管理”行为，引导各级人民法院树立正确的政绩观、科学看待指标升降，让一线法官投入更多精力不断提升审判执行质效。例如，平均结案时间只是审限内结案率的补充，是一个分析性指标，不是越短越好，更不能直接用于对基层法院的考核，防止基层法院尤其是人案矛盾严重地区的法院不得已而“结案了事”。指标体系本次修订在调整平均结案时间区间参考值的同时，专门强调不得将该指标直接套用于某一层级、某一个法院、某一特定类型的案件。类似不得简单套用的指标，还包括案-件比、申诉申请再审率、民事裁判申请执行率，这些都综合反映省级辖域内三级法院整体质效情况，不应当也不适宜用来评价某一个具体法院。又如，设置案-件比指标，是为了满足人民群众对“一次性解决纠纷”和“案结事了、政通人和”的需求与期待。一“案”衍生的“件”数越多，所经历的审执程序就越多，投入的司法资源和当事人的诉讼成本也就越高。指标体系本次修订，我们调整了案-件比的业务口径，确保统计结果更精准、更符合办案实际。

第四，坚持“体检表”定位，提升通报方式和运用机制的科学性。最高人民法院多次强调，指标体系是对各省级地区整体审判质效的全面检视，是客观反映审判工作的“体检表”，而非评判办案绩效优劣的“成绩单”。生活中的“体检表”运用场景就颇能说明问题，我们从医院拿到体检表后，会根据身体指标情况，针对性调整饮食结构、加强体育锻炼，或者寻医问诊、对症下药，过一段时间再复查问效。现实中，“反管理”行为之所以时有发生，根本原因就在于指标体系制定、管理不尽科学，政绩观错误。另外，审判质效提升和指标数据改善是一个渐进过程，对短期内出现的数据波动，应保持一定的“容忍度”，为改进工作预留必要的时间空间，不宜过于频繁地通报。为做优做实指标体系的“体检表”定位，指标体系本次修订内容还包括通报和运用机制。最高人民法院将减少通报频次，每季度数据会商后，随会商纪要下发指标数据通报。通报的仅是相关高级人民法院辖域内审判执行工作的运行情况，不涉及其他地区，更不包括排名信息。凡已进入合理区间的，即可视为符合审判质效要求。这样有利于大家和自己比、和去年同期比、和工作改进前比，更有利于做实做优审判质效不断提升。少数法院指标数据有明显异常变化或长期偏离合理区间时，应当“点对点”作出提示和建议，确保“一把钥匙开一把锁”。各级人民法院应当重点依托司法审判数据会商机制，系统地、整体地看待本辖区、本院的各项指标，不断提升分析研判能力水平，将“会商”打造成为高质量“会诊”，促进和保障审判工作更加健康有序运转。

问：我国幅员广阔，如何解决指标体系在不同地区、不同案件体量法院的差异化适用问题？

答：指标体系是衡量全国法院审判质效的“一把尺子”，打破了从前各地法院开展审判质量管理工作各行其是、“胡子眉毛一把抓”的局面，发挥了很好的“风向标”作用。但是，由于我国各地发展还不平衡，即使在同一省辖域内，不同法院的案件体量、人员素质、基础设施、司法环境也存在较大差异。对最高人民法院来讲，既要做好统一设计，又要尊重地方实际，充分调动各级各地法院干警的积极性。

指标体系试运行期间，最高人民法院曾多次要求各高级人民法院对辖区法院采取差异化的适用方法，在使用区间参考值时不能搞“一刀切”。实践中，有的高级人民法院已作出良好的探索和示范。例如，浙江法院按照法官人均结案数量，将地区、中级和基层人民法院划分为三组，对效率指标设定不同区间参考值。这样的差异化适用，可以提升不同条件法院之间的可比性，形成正向激励效应，避免显失公平的竞争。

指标体系本次修订，我们再次强调，指标体系设置的合理区间参考值仅应作为各省级地区整体审判质效的参照标准，不适用于某一层级、某一个法院或者法官个人，各高级人民法院应当综合考虑收结案数量、人均结案数量、案件结构、队伍素质等因素，制定适用于本辖区不同法院的差异化评价标准。在此前提下，可以对部分法院适用的合理区间参考值作出适当调整。

问：下一步，最高人民法院将如何抓好修订后指标体系的落实？

答：一分部署，九分落实。最高人民法院将在习近平法治思想指导下，聚焦严格公正司法，以高度的政治自觉强化科学的审判管理，久久为功持续完善为基层减负举措。最高人民法院明确要求，高级、中级人民法院在开展本辖区审判质效考评工作中，不得在修订后的指标体系之外增加其他考评项目，正在使用的应当检视、取消，坚决杜绝加码考评、重复考评。各高级人民法院应当在 2024 年 11 月 1 日前就本辖区正在使用的审判质效考评类项目作出说明，由最高人民法院审查并对其中明显不妥、可能增加基层负担的内容提出整改意见。今后，各高级人民法院制定的辖区审判质效考评类制度文件，必须于正式印发后 30 日内，以院名义向最高人民法院审管办报送备案。对本辖区中级人民法院的类似文件，各高级人民法院也应严格审查管理。

做优符合司法规律的审判管理具有长期性、复杂性，必须把主体责任压实到各地各级法院、落实到各个庭室部门，推动各个业务条线之间、上下级法院之间多管齐下、科学协作、形成合力。各高级人民法院必须负好总责，动真碰硬整治整改，加大对本辖区人民法院审判执行数据真实性和办案规范性的核查检查力度，坚决禁止把指标压力不当传导至具体个案。

全国法院“一张网”建成后，最高人民法院还将依托数据中台和算法模型，逐步增强对办案数据的交叉校验、常态化巡检、智能预警等能力，及时在全国范围内通报数据异常的地区和法院，为指标体系更加科学、精准的运用夯实数据基础。

（来源：最高人民法院网站）

地方司法业务文件与解读

河南省高级人民法院关于债权执行若干问题解答（一）

（2024年11月6日）

一、对债权冻结或强制执行时，需要送达的执行文书及内容有哪些？

答：（一）诉讼中，对被告的债权冻结时，审判部门应依法作出并向第三人直接送达冻结债权的专门裁定和协助执行通知书，冻结被告对第三人享有的债权。未经法院同意，第三人不得向被告履行债务。

（二）执行中，执行实施部门应首先作出并向第三人直接送达冻结债权的专门裁定和履行到期债务通知书。诉讼保全中已有效送达冻结债权的专门裁定，且尚在冻结期限内的，执行中可仅向第三人直接送达履行到期债务通知书，诉讼中的冻结债权措施依法转为执行中的冻结债权措施，冻结效力和顺位不变。

履行到期债务通知书中应包含下列基本内容：（1）第三人直接向申请执行人或通过执行法院向申请执行人履行其对被执行人所负的债务，不得向被执行人清偿；（2）第三人应当在收到履行通知后的十五日内向申请执行人履行债务；（3）第三人对履行到期债务有异议的，应当在收到履行通知后的十五日内向执行法院提出；（4）第三人违背上述义务的法律后果。

（三）第三人在收到履行到期债务通知书后十五日内未提出异议也未履行的，执行实施部门应向第三人直接送达执行裁定书，主要内容是强制执行被执行人对第三人的到期债权。

（四）到期债权系经过生效法律文书确认且已进入执行程序的，可直接向该债权执行法院发出冻结债权专门裁定、要求协助冻结或协助扣划、提取执行款项的协助执行通知书。

（五）第三人根据执行法院的履行到期债务通知书向申请执行人履行了债务或者被执行法院强制执行后，执行法院可以根据第三人的要求出具履行到期债务的证明书。履行到期债务证明书应当载明第三人在本执行案件中履行的具体情况。

（六）同一案件中出现的多个同类裁判文书，首份裁判文书直接使用案号，第二份裁判文书开始应在案号后缀“之一”“之二”以示区别。执行中作出的冻结债权的专门裁定、对第三人强制执行的裁定、协助执行通知书或履行到期债务通知书等执行文书的文号亦应参照适用。

二、冻结债权期限及其法律依据是什么？

答：依据《最高人民法院关于适用〈中华人民共和国民事诉讼法〉的解释》（以下简称《民诉法解释》）第四百八十五条规定，债权作为被执行人的财产权益，冻结期限不得超过三年。

冻结期限届满前，需要继续冻结的，应当根据当事人的申请及时办理续行冻结手续，也可以依职权办理续行冻结手续。续行期限不得超过前款规定的期限。

冻结债权裁定向申请执行人（申请保全人）送达时，应当提示其在冻结期限届满前及时申请续行冻结以及未及时申请续行冻结的法律后果由其承担的法律风险。

三、债权的冻结或执行范围是什么？

答：债权的冻结或执行不应超出冻结债权的专门裁定、履行到期债务通知书、对第三人的强制执行裁定中确定的金额。对第三人作出强制执行裁定后，第三人确无财产可供执行的，不得就第三人对他人享有的到期债权强制执行。

四、债权与收入的区别是什么？

答：收入一般指自然人基于劳务等非经营性原因所得和应得的财物，主要包括工资、奖金、劳务报酬、稿费等。被执行人的离休金、退休金、养老金，在留出必要的生活费用外，亦可作为被执行人的收入予以执行。债权通常是基于合同、侵权、不当得利、无因管理等法律关系所产生，债权的给付时间、地点、金额、方式应依被执行人与第三人之间具体的法律关系内容确定。工程款、租金、资产转让款、合作办学收益等均属债权范畴。

执行被执行人的收入应当依照《中华人民共和国民事诉讼法》（以下简称《民事诉讼法》）第二百五十四条和《最高人民法院关于人民法院执行工作若干问题的规定（试行）》（以下简称《执行规定》）第28条、第29条的规定，作出扣留、提取裁定并向被执行人所在单位、银行、信用合作社和其他有储蓄业务的单位发出协助执行通知书。到期债权的执行则应依照《民诉法解释》第四百九十九条第一款和《执行规定》第45条规定，直接向第三人送达冻结债权的专门裁定和履行到期债务通知书。

执行实务中遇到难以确定属于债权还是收入时，执行实施部门可按照债权执行的程序规范进行。

五、到期债权执行中，存在错误适用收入执行措施或制作、送达执行文书错误的，应如何处理？

答：（一）将到期债权作为收入执行，错误适用《执行规定》第28条、第29条等规定，向第三人送达执行裁定书和协助执行通知书的，第三人可依照《民事诉讼法》第二百三十六条规定，以利害关系人身份提起执行异议。经审查，第三人异议理由成立的，应依法撤销执行裁定和协助执行通知书，责令执行实施部门依照到期债权执行程序重新作出具体执行行为。但执行裁定主要内容是冻结该债权或者要求第三人不得向被执行人履行相应义务的，可确认冻结债权有效，仅撤销协助执行通知书，并要求执行实施部门制作履行到期债务通知书向第三人直接送达。

（二）债权执行时，存在下列情形之一的，属于适用法律错误，程序不当，应撤销协助执行通知书、履行到期债务通知书或执行裁定，并要求执行实施部门依法重新作出：

1. 未向第三人送达冻结债权的专门裁定或者以执行立案后的概括性冻结裁定代替冻结债权的专门裁定，仅向第三人送达协助执行通知书或履行到期债务通知书的。但审理中已制作并向第三人直接送达了冻结债权的专门裁定的除外。

2. 执行立案后，以协助执行通知书代替履行到期债务通知书，限制或剥夺第三人依据《执行规定》第 47 条规定的异议权利的。

3. 执行立案后，在向第三人直接送达履行到期债务通知书之前或者同时，向第三人送达强制执行到期债权的执行裁定的。

六、第三人对到期债权的执行提出异议，应如何处理？

答：（一）基本规则。

1. 根据《执行规定》第 47 条规定，第三人在履行到期债务通知书指定的期间内提出异议的，人民法院不得对第三人强制执行，对提出的异议不进行审查。该条规定中的第三人异议，主要包括第三人对其与被执行人之间是否存在到期债权、债权给付条件是否成就、债权是否因抵销、履行已消灭等事由。

2. 第三人在履行到期债务通知书指定期间内提出的异议，属到期债权执行中单设的救济程序，应首先由执行实施部门依法初查，判断是否属于不影响执行到期债权的无直接法律关系的异议（如第三人称无履行能力、与申请执行人无直接法律关系、否认生效法律文书确定的到期债权等）。若属于上述异议理由范畴，第三人即使在指定期间内提出异议，也不能依据《执行规定》第 47 条产生阻却执行和审查的效果。

3. 对生效法律文书确定的到期债权，第三人予以否认的，不予支持。

4. 第三人对债务部分承认，部分有异议的，可以对其承认的部分强制执行。

5. 第三人对履行到期债务通知书的异议一般应以书面形式提出，口头提出的，执行人员应记入笔录，并由第三人签字或盖章。

（二）第三人在履行通知书指定期间内提出异议的。

第三人在履行通知书指定期间内提出异议的，执行法院依法不应继续执行，且不应对实质异议理由进行审查，避免以执代审，可告知申请执行人另行提起代位权诉讼主张权利。但法律、司法解释另有规定的除外。

（三）第三人超出履行到期债务通知书指定期间提出异议的。

第三人超期提出异议，并不发生承认债务存在的实体法效力，对其提出的与被执行人之间是否存在到期债权、债权给付条件是否成就、债权是否因抵销、履行已消灭等异议事由，应依照《民事诉讼法》第二百三十六条、参照《最高人民法院关于人民法院办理执行异议和复议案件若干问题的规定》第七条第二款的规定予以审查。

经审查，异议理由成立的，撤销履行到期债务通知书，并告知申请执行人可另行提起代位权诉讼。异议理由不成立的，则驳回其异议请求，依法继续执行。

（四）第三人在诉讼保全阶段未对到期债权被冻结的执行行为提出异议，进入执行阶段提出异议的。

诉讼保全中，对被告的到期债权采取保全措施仅是冻结债权并要求第三人暂时不得向被告履行义务。第三人在诉讼保全阶段未对冻结债权的保全措施提出异议，并不能推断被告（被执行人）对第三人享有的到期债权真实成立，从而限制或剥夺第三人在后续执行中提出执行异议的权利。

七、案外人对到期债权主张实体权利的，应如何救济？

答：作为次债务人的第三人对到期债权的执行未提出异议，但案外第三人对到期债权主张实体权利，要求排除强制执行的，执行法院应依照《民事诉讼法》第二百三十八条规定进行审查。当事人对异议裁定不服的，可依法提起执行异议之诉。

八、未经生效法律文书确定的债权，第三人在指定期间提出异议后，法院不再进一步采取扣划、提取等执行措施的，是否需要撤销冻结债权的专门裁定？

答：冻结债权的专门裁定本身并不违法，且待债权到期后或申请执行人提起的代位权诉讼判决后，仍有可能恢复对该债权的执行，故第三人在指定期间内提出异议后，执行法院只需不再对第三人财产采取提取、扣划等处分性执行措施，而不必撤销冻结债权的专门裁定。但申请执行人同意撤销的除外。

九、第三人在收到冻结债权的执行裁定和履行到期债务通知书后，未提出异议也未履行的，能否将其追加为被执行人进行强制执行？

答：第三人收到冻结债权的执行裁定和履行到期债务通知书后，在法定期限内既不履行债务，又不提出异议，执行法院应将其列为第三人，裁定对其强制执行，但不得将其追加为被执行人。执行裁定应同时送达第三人和被执行人。但依照《最高人民法院关于认真贯彻实施民事诉讼法及相关司法解释有关规定的通知》第三条第三款，被执行人有银行存款或者其他能够执行的财产的，人民法院原则上应优先予以执行。

十、到期债权在另案已进入执行程序的，执行法院应如何处理？

答：被执行人对第三人享有的到期债权已经生效法律文书确认的，若被执行人未申请强制执行的，执行法院可以按照法律、司法解释关于到期债权执行的相关规定要求第三人直接向申请执行人履行义务。已经进入执行程序的，执行法院可以请求该到期债权的执行法院协助冻结或协助扣划、提取被执行人的应得款项。

第三人在收到执行法院执行通知之前，收到另案执行法院要求其向另案申请执行人直接清偿已经生效法律文书确认的债务的通知，并清偿债务的，执行法院不能将该部分已清偿债务纳入执行范围。

十一、被执行人的到期债权被不同法院执行，处置权如何确定？

答：到期债权属被执行人的财产权益，应参照适用轮候冻结的法律规定和法定程序。不同法院对同一笔到期债权执行，应依照冻结债权裁定送达第三人或到期债权执行法院的时间先后顺序来确定执行顺位。

债权被依法冻结期间，第三人不得向被执行人清偿债务。这种禁止清偿义务整体上属于消极义务，原则上只要第三人未主动向被执行人清偿即可以视为履行了法定义务。若多家法院均对第三人提出债权执行的要求，第三人应尽到如实告知存在其他法院冻结或执行债权的报告义务。执行法院经核实后应在送达回证中备注说明。

到期债权系生效法律文书确认且已进入执行程序的，生效法律文书执行法院应查明各到期债权执行法院的冻结顺位，并以此为据进行债权执行。不同法院之间如因冻结顺序产生争议，且协商不成的，生效法律文书执行法院应依据《执行规定》第67条规定，逐级报请上级法院协调处理。

十二、到期债权已转让的，债权受让人主张排除到期债权的执行应如何处理？

答：被执行人将到期债权转让后，债权受让人以其是该债权的实际权利人为由提出执行异议，属于对执行标的的异议，债权受让人属《民诉法解释》第四百九十九条第二款规定的利害关系人，执行法院应适用《民事诉讼法》第二百三十八条规定进行实体性审查。

十三、冻结债权后，被执行人或第三人对该债权的处分行为是否有效？

答：冻结债权后，被执行人通过有偿出让债权、另案执行和解、新增债权抵销等改变债权执行顺位，可能会损害其他债权人的利益的方式对抗该到期债权执行的，不予支持。

十四、对于被执行人的未到期债权，执行法院应如何处理？

答：（一）依据《最高人民法院关于依法制裁规避执行行为的若干意见》第 13 条规定，对被执行人的未到期债权，执行法院可以依法冻结，待债权到期后参照到期债权予以执行。第三人仅以该债务未到期为由提出异议的，不影响对该债权的保全。

（二）冻结未到期债权仅对第三人产生禁止向被执行人清偿的法律效力。债权未到期时，执行法院不得责令第三人履行债务或对债权相应金额采取提取、扣划等执行措施。

（三）债权执行中应注意保护第三人合法权益和期限利益。债权基础法律关系系被执行人和第三人之间的双务合同的，最终能够确定的债权利益应当是互负债务经过最终结算而形成的单方债权，在此之前，不宜限制双务合同当事人正常、合法的合同履行行为。

十五、冻结债权后，第三人未提出异议，但擅自向被执行人履行的，应如何处置？

答：冻结债权期间，第三人未提出异议，但擅自向被执行人或其指定的他人履行，且造成已向被执行人履行的财产不能追回的，执行法院可裁定第三人在已履行的财产范围内与被执行人承担赔偿责任，同时可依法追究其妨害执行的责任。

需要注意的是：

（一）如果到期债权对应款项系被另案强制执行中提取、扣划，非第三人主动履行的，不应认定第三人存在擅自向被执行人清偿行为，亦不能要求其在被另案扣划款项范围内承担赔偿责任。

（二）第三人基于与被执行人的合同约定或其他法律关系中设定的权利义务，在收到冻结、执行债权的执行文书后依法依约支付的农民工工资、税款等必要支出，经审查属实，且无证据证实存在恶意支付的，不属于《执行规定》第 51 条规定的擅自支付情形。

指导案例、典型案例与解读

最高人民法院发布人民法院依法审理旅游纠纷典型案例

（2024年9月30日）

近期，习近平总书记对旅游工作作出重要指示强调，着力完善现代旅游业体系，加快建设旅游强国，推动旅游业高质量发展行稳致远。旅游业是现代服务业的重要组成部分，是国民经济战略性支柱产业，是促进经济结构优化、传承弘扬中华文化、推动美丽中国建设、加强国际文化交流的重要领域和载体。推动旅游业高质量发展，对于服务美好生活、促进经济发展、构筑精神家园、展示中国形象、增进文明互鉴，具有重要作用。

近年来，随着人民生活水平的提高，旅游市场发展迅速，起诉到人民法院的旅游纠纷案件呈持续增长态势。旅游纠纷具有民生性强、点多面广、异地发生率高、责任主体多元等特点，需要依法及时有效处理，妥善化解矛盾纠纷。人民法院坚持以习近平新时代中国特色社会主义思想为指导，深入贯彻习近平生态文明思想和习近平法治思想，积极践行新时代“枫桥经验”，充分发挥审判职能作用，加强审判与行政调解、行政执法等方面的衔接配合，及时、有效化解旅游纠纷，依法保护旅游者合法权益，助推旅游业高质量发展行稳致远。

为充分发挥典型案例的警示、教育和指引作用，最高人民法院结合当前旅游市场常见多发纠纷的具体情况，发布 5 件旅游纠纷典型案例，旨在通过法治宣传，引导景区依法规范管理、游客依法维权，促进矛盾纠纷源头预防化解，促进安全旅游、文明旅游，维护旅游市场健康发展。本次发布的典型案例主要有以下特点。

一是坚持和发展新时代“枫桥经验”，促进矛盾纠纷源头预防化解。我国生态环境越来越好，很多景区经常有野生动物出没，有的还成为旅游热点。游客与野生动物互动有一定危险性，景区应当加强管理，采取必要的防范措施，游客也要增强安全防护意识，尽量避免发生动物伤人事件，共同维护和谐的旅游秩序。如在张某与峨眉山管委会健康权纠纷一案中，峨眉山旅游环保法庭接到张某要求峨眉山管委会赔偿其被景区野生动物峨眉藏酋猴抓伤所受损失的电话后，立即到达现场进行调解，在查清案件事实基础上，充分释法说理，耐心细致做当事人工作，推动双方当场达成调解协议并实际履行，及时有效化解了矛盾纠纷。与此同时，峨眉山旅游环保法庭依法延伸司法职能，推动峨眉山管委会进一步完善安全保障措施，制定《峨眉山景区陆生野生动物保护管理暨致害补偿暂行办法》，并充分运用联席会议等机制，加强与峨眉山管委会常态化协同配合。经过共同努力，峨眉山风景名胜区连续五年实现野生动物伤人纠纷“零起诉”，真正实现了“无讼”5A 级景区要求。

二是依法压实旅游经营者主体责任，促推旅游服务质量提升。为提升吸引力，不少景区设置了具有较高危险性的旅游项目，景区管理人员对此应当提供更充分的安全保障措施，对于游客因参与该项目遭受损伤的，如果游客没有明显过错，景区应当承担法律责任。如朱某欣诉某旅游公司违反安全保障义务责任纠纷一案，以及胡某某诉某旅游公司旅游合同纠纷一案，审理法院通过对在案证据的审查判断，准确适用民法典、《最高人民法院关于审理旅游纠纷案件适用法律若干问题的规定》、

《最高人民法院关于审理人身损害赔偿案件适用法律若干问题的解释》等规定，依法认定旅游经营者违反安全保障义务，应当承担主要或者全部责任，对于引导旅游经营者强化安全风险意识、依法全面履行安全保障义务，促进文旅项目持续健康发展，具有积极意义。

三是严格公正适用法律，定分止争。近年来，瀑降、漂流、溯溪、跳潭等小众野外运动热度飙升。这些项目具有较高风险，如果在没有充分准备、缺乏安全保护的情况下，盲目"打卡"所谓网红线路尤其是野生线路，容易酿成险情。参与这些项目的游客应当增强安全意识，更加注重安全防护。对于游客私自进入未列入景区游览范围的区域造成自身损害的情况，景区没有过错的，游客应当自担风险。如江某卫等诉浙江省江山市某旅游公司一案，徐某仙系完全民事行为能力人，未购买门票私自进入景区进行危险性较强的溯溪活动，其坠亡地点远离景区正常游览范围，无可通行道路或野路，审理法院对其亲属要求景区赔偿的诉讼请求依法不予支持。该案判决进一步明确了已尽到安全保障义务的公共区域管理者不承担赔偿责任的裁判规则，有助于引导户外活动参与者树立个人是自身安全注意义务第一责任人意识，强化自我保护。

四是深入践行绿水青山就是金山银山理念，依法保护生态环境和自然资源。游客到景区游览欣赏美景的同时，也负有保护好生态环境的义务，违反规定造成生态环境损害的，应当依法承担责任。如广西壮族自治区桂林市人民检察院诉晋某等三人生态破坏民事公益诉讼一案，晋某等三人具备完全民事行为能力，在国家5A级景区漓江风景名胜区核心景区内的大面山山顶露营时，违规野外用火导致失火烧毁森林重点公益林，虽未达到刑事追诉标准，但对生态环境资源造成了相当程度的损害，侵害了社会公共利益，人民法院依法判决其对生态环境修复及生态环境受到损害至修复完成期间服务功能丧失导致的损失承担相应民事责任。

目　录

案例一

张某与峨眉山管委会健康权纠纷案

【基本案情】

2017 年 8 月，张某听闻峨眉山的猴子活泼可爱，与人亲近，专程来到峨眉山景区观猴，不顾游客应与猴子保持安全距离的警示要求，进入猴子聚集区逗猴、喂猴，不慎被猴子抓伤。在接受峨眉山风景名胜区管理委员会（以下简称峨眉山管委会）工作人员救护后，张某拨打四川省峨眉山市人民法院旅游环保法庭（以下简称峨眉山旅游环保法庭）的旅游纠纷热线电话，要求峨眉山管委会对其进行赔偿。峨眉山旅游环保法庭工作人员接到电话后迅速到达现场，向双方当事人释法说理，开展调解工作。

【调解结果】

峨眉山旅游环保法庭认为，根据侵权责任法第三十七条（现民法典第一千一百九十八条）的规定，公共场所的经营者、管理者负有安全保障义务，未尽到安全保障义务造成他人损害的，应当承担侵权责任。同时，安全保障义务应当控制在合理限度范围内。案涉景区内的野生猴子可以与游客较为自由地接触，景区在游客人身、财产安全方面应当承担更高程度的保障义务。峨眉山管委会虽然设置了栏杆、警示标语等，但并未完全尽到安全保障义务。张某未遵守景区关于保持安全距离的警示要求，进入猴子聚集区逗猴、喂猴，也未完全尽到相应注意义务。同时考虑到张某仅需接种疫苗，不构成伤残等级，由峨眉山管委会补偿张某疫苗费用1000元。

【典型意义】

本案是释法明理诉前化解旅游纠纷的典型案例。景区经营者、管理者对景区内可能发生的危险和损害应当有充分的预见性，全面履行通知、排查、告知、提醒、注意等义务，保障游客的人身或财产安全免受侵害，否则应当承担相应责任。游客作为自身安全注意义务的第一责任人，进入景区后应当自觉遵守安全管理制度，文明旅游、安全旅游，不主动挑逗、攻击或伤害景区内的野生动物，避免发生意外，否则亦应当承担相应责任。在妥善化解该案纠纷后，峨眉山旅游环保法庭依法延伸司法职能，推动峨眉山管委会进一步完善安全保障措施，制定《峨眉山景区陆生野生动物保护管理暨致害补偿暂行办法》，并充分运用联席会议等机制，加强与峨眉山管委会常态化协同配合。经过共同努力，峨眉山风景名胜区连续五年实现野生动物伤人纠纷“零起诉”，真正实现了“无讼”5A级景区的要求。

案例二

朱某欣诉某旅游公司违反安全保障义务责任纠纷案

【基本案情】

2020 年 5 月 31 日，朱某欣向某旅游公司购买门票，并于当日参加“摇摆桥”项目。在该项目进行过程中，某旅游公司的工作人员摇晃桥面，朱某欣从摆桥上摔落、受伤。经医院诊断，朱某欣左肱骨髁上髁间粉碎性骨折，共住院十三天。经鉴定，朱某欣的损伤及目前后遗症评定为九级伤残。朱某欣向人民法院起诉，请求判令某旅游公司赔偿医疗费等经济损失。

【裁判结果】

福建省东山县人民法院一审认为，案涉“摇摆桥”项目具有危险性，某旅游公司作为“摇摆桥”的经营管理者，对项目参与者负有更高程度的安全保障义务；项目参与者也应当充分评估案涉项目的危险性，对自身安全负有更高程度的注意义务。某旅游公司虽然设置了提示该项目危险性的警示牌，并采取了裹置软质橡胶等防摔伤、撞伤等保护措施，但仍未对参与者提供充分有效的安全保障，且某旅游公司工作人员存在过度摇晃桥面情形，应当承担主要责任。朱某欣作为完全民事行为能力人，未对自身安全尽到必要的注意义务，对事故发生也存在一定过错，应当承担次要责任。综合考虑，酌定某旅游公司对案涉事故承担 80%的责任，朱某欣对案涉事故承担 20%的责任，判决某旅游公司赔偿朱某欣经济损失共计 299754. 34 元。宣判后，朱某欣、某旅游公司均提出上诉。二审维持原判。

【典型意义】

本案是旅游经营者因未完全尽到安全保障义务而根据其过错程度承担责任的典型案例。案涉"摇摆桥"系多人站在吊桥上来回摇晃桥体而达到娱乐效果的游乐设施，出现摔倒、碰撞的可能性较高，具有一定危险性，其经营者负有更高的安全保障义务和审慎注意义务，应当承担更高的风险告知责任与危险防范救助责任。人民法院坚持"治已病"和"防未病"两手抓，在案件审理中依法厘清相关主体的责任边界，在判决生效后及时向旅游经营者发出司法建议，引导其及时增配安保人员，完善项目风险说明和安全保护措施，有效降低事故发生风险。本案是法治护航旅游业高质量发展的生动司法实践，对于引导旅游经营者强化安全保障义务、旅游者提升自身安全意识，具有借鉴意义。

案例三

胡某某诉某旅游公司旅游合同纠纷案

【基本案情】

2019 年 9 月 19 日，胡某某到某旅游公司试营业的某市胡杨林游玩时，租赁景区内的沙滩摩托车骑行，但某旅游公司工作人员未告知胡某某禁行路线等安全事项。胡某某在驾驶沙滩摩托车过程中，从断崖处摔落、受伤。胡某某向人民法院起诉，请求判令某旅游公司赔偿医疗费、护理费等费用。

【裁判结果】

青海省格尔木市人民法院一审认为，对于具有一定危险性的旅游项目，旅游经营者应当详尽地向游客告知注意事项及可能存在的危险，使游客对该旅游项目特别是可能发生的危险有全面了解。在胡某某骑行前，某旅游公司工作人员未详尽告知安全注意事项，未明确骑行路线，致使胡某某对该项目的潜在危险和安全注意事项未能充分了解，最终坠崖受伤，某旅游公司应当承担全部责任。判决某旅游公司赔偿胡某某各项损失 288231. 2 元。宣判后，某旅游公司提出上诉。二审维持原判。

【典型意义】

本案是旅游经营者因未尽到安全保障义务而承担全部责任的典型案例。旅游景区提供的项目服务应当符合保障旅游者人身、财产安全的要求，在项目服务过程中应以明示方式详细告知游客安全须知，并及时排查风险隐患，确保尽到安全保障义务。特别是对于高风险旅游项目，旅游经营者应当承担更高的安全保障义务。本案对于旅游经营者强化安全风险意识、依法全面履行安全保障义务，促进文旅项目持续健康发展，具有警示意义。

案例四

江某卫等诉某旅游公司经营场所、公共场所的经营者、管理者责任纠纷案

【基本案情】

2022 年 8 月 20 日，江某卫及其妻徐某仙携家属一行多人至浙江省江山市某景区溯溪郊游，但未购买门票。活动中，徐某仙坠崖身亡，坠亡地点不在景区游览线路范围内。江某卫、徐某仙的亲属认为，江某

卫、徐某仙一行在某旅游公司开发经营的景区开展户外活动，由于景区管理不善、设施常年失修、警示标志缺失，导致意外事故发生，且无法得到及时救治，向人民法院起诉，请求判令旅游公司承担赔偿责任。

【裁判结果】

浙江省江山市人民法院一审认为，徐某仙一行未购票私自进入景区，未与经营、管理事发景区的旅游公司形成旅游服务合同关系。从公安机关勘验记录以及现场查勘情况看，徐某仙的坠亡地点位于溪谷险要、人迹罕至之处，无可通行道路或野路，远离景区正常游览范围。旅游公司不存在景区设施维护不到位、未设立禁止区域情形。溯溪系风险性较高的户外活动，活动参与者自身应当充分认识、预判并妥善管控风险。故判决驳回原告的诉讼请求。该判决已生效。

【典型意义】

本案系旅游经营者已尽到安全保障义务而不承担责任的典型案例。近年来，溯溪、跳潭、瀑降、漂流等小众野外运动热度飙升，但由于活动区域、形式的特殊性，此类户外活动往往具有较高风险，如果在没有充分准备、缺乏安全保护的情况下盲目“打卡”所谓网红线路尤其是野生线路，容易酿成险情。本案中，人民法院严格公正适用法律规定，依法判决已尽到安全保障义务的公共区域管理者不承担赔偿责任，有助于引导户外活动参与者树牢“个人是自身安全注意义务的第一责任人”的价值理念，强化自我保护意识；同时对于明晰安全保障责任边界，促进景区加强管理，具有积极意义。

案例五

广西壮族自治区桂林市人民检察院诉晋某等三人生态破坏民事公益诉讼案

【基本案情】

2021 年 10 月 5 日，晋某约宋某琳、吕某琪前往国家 5A 级景区漓江风景名胜区核心景区内的大面山山顶露营。当晚，三人使用了燃气炉并燃放仙女棒玩耍。随后，晋某站到观景平台的阶梯处点燃其携带的“铁棉花”（钢丝棉烟花）挥舞给宋某琳、吕某琪观看，造成火星飞溅，引燃地面植被，致失火烧毁景区内重点公益林 1. 1255 公顷。经委托，桂林市某林业设计院作出《植被恢复方案》，植被修复工程总投资为 140224. 64 元，评估费用 30000 元。经鉴定，此次失火造成的生态环境受到损害至修复完成期间服务功能丧失导致的损失约为 38721. 5 元，鉴定费用 2000 元。广西壮族自治区桂林市人民检察院提起生态破坏民事公益诉讼，请求判令晋某等三人连带承担上述费用。

【裁判结果】

广西壮族自治区桂林市中级人民法院一审认为，晋某等三人具备完全民事行为能力，其在国家 5A 级景区漓江风景名胜区核心景区内的大面山山顶露营时违规野外用火导致失火烧毁森林重点公益林，对生态环境资源造成损害，侵害了社会公共利益，应对生态环境修复及生态环境受到损害至修复完成期间服务功能丧失导致的损失承担民事责任。晋某等三人具有违规野外用火的共同意思联络，其间未相互提醒、制止，进而引发山火，应当承担连带责任。综合考虑三人的主观过错程度、损害原因力大小等因素，认定晋某的过错明显大于吕某琪、宋某琳，应当承担主要责任。判决晋某等三人对各项损失和费用 210946.14 元共同承担连带清偿责任；在内部责任份额中晋某承担 60%，吕某琪、宋某琳各承担 20%。宣判后，晋某等三人均提出上诉。二审维持原判。

【典型意义】

本案系游客因造成生态环境破坏而承担民事责任的典型案例。旅游者在景区游玩时应当自觉保护景区的自然资源和生态环境，杜绝违规野外用火等可能造成生态环境受损的危险行为。与一般景区相比，国家重点风景名胜区承载着更大的生态环境功能价值，旅游者负有更高的生态环境保护义务。本案晋某等三人造成失火的行为尚不构成犯罪，未被刑事追诉，但不影响其依法承担民事责任。人民法院依法支持检察机关提起的民事公益诉讼，判令晋某等三人承担相应的修复、赔偿责任，有效保护了生态环境、自然资源和公共利益。同时，在依法认定三人承担连带责任基础上，对其内部责任作进一步划分，既有利于一次性解决纠纷，亦可引导同行旅游者履行相互提醒、规劝等注意义务，提升生态环境保护自觉性。

最高人民法院发布支持香港仲裁典型案例

（2024 年 9 月 5 日）

仲裁是我国法律规定的纠纷解决制度，也是国际通行的解决经贸投资争议的重要途径。党的二十届三中全会对加强涉外法治建设、健全国际商事仲裁制度作出重要决策部署。“十四五”规划和《粤港澳大湾区发展规划纲要》明确支持香港建设亚太地区国际法律及争议解决服务中心。健全国际商事仲裁司法审查制度，充分发挥司法支持和监督仲裁的职能作用，支持香港建设亚太地区国际法律及争议解决服务中心，对于促进高水平对外开放和高质量共建“一带一路”，深化粤港澳大湾区规则衔接、机制对接，营造市场化法治化国际化一流营商环境，具有重要意义。

人民法院始终坚持以审判工作现代化支撑和服务中国式现代化，全面准确、坚定不移贯彻“一国两制”方针和党中央决策部署，依法公正高效办理各类涉港仲裁司法审查案件。2019 年以来，人民法院共受理涉港仲裁司法审查案件 1000 余件。截至 2024 年 4 月，仅香港国际仲裁中心已向内地法院提出保全协助申请 119 份，涉及标的金额超过 300 亿元人民币，内地法院从受理协助香港仲裁的保全申请到保全措施执行完毕的平均期限为 28. 3 天。本次发布的 6 件典型案例既包括申请确认涉港仲裁协议效力案件、协助香港仲裁的保全案件，也包括申请认可和执行香港仲裁裁决案件，生动展现了人民法院依法支持香港仲裁、推进国际仲裁高质量发展的司法立场。

一是以便捷高效的保全协助保障香港仲裁的顺利进行。仲裁保全对于保障仲裁程序顺利进行以及仲裁裁决的最终执行具有重要作用。案例一中，内地法院优化协助保全机制，为香港仲裁程序提供了便捷高效的保全协助，并使得仲裁申请人其后申请认可和执行香港仲裁裁决的案件得到快速处理以及顺利执行，为两地司法互助提供了有益示范。

二是支持和鼓励当事人选择香港仲裁解决纠纷。仲裁协议是仲裁制度的基石，是仲裁机构取得管辖权、启动程序的前提性条件。案例三准确适用仲裁协议冲突规范，认定仲裁地法律即香港法律为仲裁协议效力准据法，进而适用香港《仲裁条例》确认案涉仲裁协议有效。案例四依据香港《仲裁条例》中对仲裁协议“书面形式”的构成要件进行解释，认可当事人通过援引方式达成仲裁协议。案例五准确查明香港法律，尊重当事人在港仲裁意愿，针对表述不规范的仲裁协议予以合理解释，明确协议约定所指向的仲裁机构的含义。上述三个案件的处理凸显了内地法院准确适用仲裁协议准据法、支持当事人选择在香港进行仲裁，促进仲裁在多元化纠纷解决机制中发挥重要作用。

三是便利香港仲裁裁决跨境执行。人民法院依据《最高人民法院关于内地与香港特别行政区相互执行仲裁裁决的安排》（以下简称《安排》）及《最高人民法院关于内地与香港特别行政区相互执行仲裁裁决的补充安排》（以下简称《补充安排》）公正高效认可和执行香港仲裁裁决，有力促进香港建设亚太地区国际法律及争议解决服务中心。案例二尊重当事人合意将仲裁庭变更为独任仲裁员的约定，保障仲裁意思自治。案例六准确认定仲裁裁决籍属，并尊重仲裁庭依据仲裁规则颁发仲裁程序令及针对当事人违反仲裁程序令的行为作出的相关决定。上述两案的处理彰显了依法支持和保障香港仲裁程序、便利香港仲裁裁决在内地依法得到执行的鲜明司法态度。

目　录

案例六 合理解释仲裁规则 认可和执行外国仲裁机构在港作出的裁决

——德国 SE 公司等申请认可和执行香港仲裁裁决案

案例一

优化机制高效办理保全协助案件 保障香港仲裁裁决顺利执行

——G 公司申请协助仲裁保全案

【基本案情】

2017 年 4 月 10 日，注册在开曼群岛的 G 公司和 V 公司签订了《贷款协议》，并约定“任何一方均有权将相关争议提交香港国际仲裁中心仲裁”。后双方因履约发生纠纷，G 公司于 2022 年 5 月 18 日以 V 公司和美籍居民苏某为被申请人向香港国际仲裁中心申请仲裁并提出财产保全申请，又于 6 月 9 日向江苏省苏州市中级人民法院（以下简称苏州中院）提交了保全申请书、仲裁协议等相关材料以及香港国际仲裁中心出具的函件（扫描件），并提供了财产保全担保。G 公司陈述，因疫情原因，香港国际仲裁中心无法快速通过邮寄方式转递相关材料。

【处理结果】

苏州中院受理 G 公司的财产保全申请后，向香港国际仲裁中心工作邮箱发送电子邮件，及时核实材料和案件的真实性。经香港国际仲裁中心回邮确认，苏州中院于 2022 年 6 月 13 日即作出财产保全裁定，并于 2022 年 6 月 16 日依据该裁定查封了被申请人 V 公司和苏某持有的某公司股权。

2023 年 11 月 21 日，香港国际仲裁中心对案涉争议作出仲裁裁决。其后，G 公司又向苏州中院申请认可和执行该仲裁裁决，苏州中院审查认为案涉仲裁裁决符合《安排》《补充安排》规定的应予认可和执行的情形，遂裁定认可和执行案涉仲裁裁决。

【典型意义】

本案是人民法院根据《最高人民法院关于内地与香港特别行政区法院就仲裁程序相互协助保全的安排》协助仲裁保全的一宗范例。该案的审查时值疫情期间，苏州中院充分考虑到仲裁财产保全需求的紧迫性以及疫情期间从香港向内地转递材料的客观不便，灵活采用邮件方式与香港国际仲裁中心核实确认材料的真实性，于一周时间内完成审查、裁定和采取保全措施等各项流程，其便捷高效的工作方法获得了仲裁机构和当事人的高度评价。其后，处理实体争议的仲裁裁决亦得到苏州中院的认可和执行，充分体现协助保全有效促进香港仲裁裁决在内地顺利执行的功能。

【案号】江苏省苏州市中级人民法院（2022）苏 05 财保 146 号

案例二

尊重当事人仲裁程序选择权　认可和执行香港仲裁裁决

——某金融公司申请认可和执行香港仲裁裁决案

【基本案情】

2007 年 12 月 11 日，某金融公司与某制盐公司签订《贷款合同》，约定："任何争议均应根据《联合国国际贸易法委员会仲裁规则》通过仲裁最终解决。仲裁地点为香港，仲裁机构为香港国际仲裁中心，仲裁庭由 3 名仲裁员组成。”因某制盐公司未按约定清偿借款，某金融公司遂向香港国际仲裁中心申请仲裁。香港国际仲裁中心于 2019 年 8 月 12 日作出仲裁裁决，某金融公司于 2020 年 8 月 17 日向四川省自贡市中级人民法院申请认可和执行该裁决。某制盐公司提出《贷款合同》约定仲裁庭应由三名仲裁员组成，香港国际仲裁中心指定独任仲裁员，与约定不符，违反《安排》第七条第一款第四项关于仲裁庭的组成与当事人之间的协议不符的规定，故仲裁裁决不应予以执行。经查明，案涉裁决书载明双方当事人写信请求香港国际仲裁中心任命仲裁员，保某先生被任命为案涉争议的独任仲裁员后，双方又通过一封共同签署的信函对此任命进行确认。

【裁判结果】

四川省自贡市中级人民法院认为，仲裁庭组成虽然改变了《贷款协议》中有关由三名仲裁员组成仲裁庭的原始约定，但对由独任仲裁员进行裁决的该项改变系经双方同意后达成的一致意见，且某制盐公司亦没有根据《联合国国际贸易法委员会仲裁规则》相关规定在仲裁过程中对独任仲裁员的任命提出异议。案涉仲裁裁决有关独任仲裁员的任命不构成违反《安排》第七条第一款第四项规定的情形，遂裁定执行案涉仲裁裁决。

【典型意义】

国际商事仲裁的核心在于充分尊重当事人意思自治。国际商事仲裁通过当事人的意思自治来选择、开启、修改、推动整个仲裁程序。本案协议虽约定应由三名仲裁员组成仲裁庭，但在仲裁程序中，仲裁机构任命独任仲裁员的变更系经双方共同签署书面函件予以确认，不属于《安排》第七条第一款第四项规定的仲裁庭组成与当事人协议不符的不予执行事由。本案表明人民法院在办理仲裁司法审查案件中依法对仲裁程序自治、诚信仲裁原则予以充分尊重，并给予积极保障。

【案号】四川省自贡市中级人民法院（2020）川03认港1号

案例三

正确认定仲裁协议准据法　支持当事人选择香港仲裁

——天津某酒店管理公司申请确认仲裁协议效力案

【基本案情】

天津某酒店管理公司与香港某公司于2013年1月25日签订《管理合同》，约定该合同根据内地法律解释，在仲裁条款中则约定产生纠纷“由国际商会依照在收到仲裁通知之日有效的国际商会仲裁规则（或其类似的后续规则）通过仲裁加以解决。指定机构为国际商会。仲裁地点为香港”。天津某酒店管理公司认为上述条款中的“国际商会”不具备仲裁职能，亦不存在“国际商会”这一仲裁机构，故向法院申请确认仲裁条款无效。

【裁判结果】

天津市第一中级人民法院认为，天津某酒店管理公司与香港某公司签订的《管理合同》中仅约定了合同适用的法律，不能作为确认合同中仲裁条款效力适用的法律，应适用约定仲裁地的法律即香港法律判断仲裁条款效力。根据香港《仲裁条例》规定，仲裁条款效力取决于当事人将争议交付仲裁的意思表示。本案中，天津某酒店管理公司与香港某公司签订的仲裁条款具备当事人将争议交付仲裁的意思表示，应认定为有效仲裁条款，遂裁定驳回天津某酒店管理公司要求确认仲裁协议无效的申请。

【典型意义】

本案准确把握了仲裁条款效力的准据法判断原则。涉外民事关系法律适用法第十八条规定："当事人可以协议选择仲裁协议适用的法律。当事人没有选择的，适用仲裁机构所在地法律或者仲裁地法律。"本案当事人仅约定了合同适用法律即合同准据法，但没有约定仲裁协议的准据法，故应当参照涉外民事关系法律适用法第十八条的规定适用仲裁地法律即香港法律判断仲裁协议效力。根据香港《仲裁条例》，仲裁协议是指当事人同意将他们之间一项确定的契约性或非契约性的法律关系中已经发生或者可能发生的一切争议或某些争议交付仲裁的协议，仲裁协议可以采取合同中的仲裁条款形式或单独的协议形式。可见，香港法律并不以仲裁机构的明确唯一性作为仲裁协议效力判断的必备要件。本案中当事人具有明确将纠纷提交仲裁的书面意思表示，符合香港法律关于仲裁条款生效的要件，应认定案涉仲裁条款有效。人民法院准确适用香港法律确定仲裁协议的效力，鼓励当事人选择香港仲裁，为推动两地建立融合共享的多元化纠纷解决机制提供了实践依据。

【案号】天津市第一中级人民法院（2021）津01民特1号

案例四

准确适用香港法律认定合同所援引文件构成有效仲裁协议

——W 公司申请认可和执行香港仲裁裁决案

【基本案情】

W 公司与宁德某工贸公司于 2008 年 10 月 20 日签订《供应协议》，该协议第 16 条约定“因履行协议产生的任何纠纷均应在香港国际仲裁中心仲裁”。履行过程中，该两公司又与某炭业公司三方签订《修订协议》，该《修订协议》由三方确认：在《修订协议》中新增的条款应作为新条款添加到《供应协议》中；发生变更的条款应以《修订协议》为准；除第 6 条、第 7 条、第 10 条至第 13 条外，其余未修订条款按《供应协议》规定予以解决。后因宁德某工贸公司与某炭业公司均违反《修订协议》，W 公司向香港国际仲裁中心申请仲裁，香港国际仲裁中心于 2016 年 3 月 23 日至 12 月 28 日分别作出多份仲裁裁决。W 公司向福建省南平市中级人民法院申请认可和执行案涉裁决，某炭业公司辩称《修订协议》并未约定仲裁条款，故某炭业公司与 W 公司之间不存在仲裁协议，根据《安排》第七条第一款第一项的规定，案涉仲裁裁决应不予认可和执行。

【裁判结果】

福建省南平市中级人民法院认为，《修订协议》明确援引了《供应协议》，且约定《修订协议》对《供应协议》作出的变更内容系《供应协议》的一部分，表明某炭业公司具有按照《供应协议》中仲裁条款解决争议的意思表示。根据香港《仲裁条例》第十九条第一款规定，

“在合同中提及载有仲裁条款的任何文件的，只要此种提及可使该仲裁条款成为该合同的一部分，即构成书面形式的仲裁协议”；第十九条第二款规定，“在不影响第（1）款原则下，仲裁协议如符合以下规定，即属以书面订立：（a）该协议是载于文件之内的，不论该文件是否由该协议的各方签署”。可见，香港《仲裁条例》允许通过援引包含仲裁条款的其他文件作为仲裁协议的书面形式，而不要求当事人必须在被援引的文件上签字，故某炭业公司与 W 公司之间就争议事项达成了有效仲裁协议。据此，该院裁定认可和执行案涉仲裁裁决。

【典型意义】

本案核心问题为当事人之间是否存在有效的仲裁协议。依据《安排》第七条第一款第一项“该项仲裁协议依约定的准据法无效；或者未指明以何种法律为准时，依仲裁裁决地的法律是无效的”规定，本案首先准确认定仲裁协议准据法为香港法，其次查明和适用香港《仲裁条例》第十九条第一款、第二款关于仲裁协议“书面形式”的规定，最后结合具体案情就案涉仲裁协议是否符合“书面形式”构成要件进行了详细分析。本案中，W 公司与某炭业公司虽未签署仲裁条款，但其签署的《修订协议》明确未修订条款按《供应协议》规定解决，W 公司与某炭业公司通过援引包含了仲裁条款的《供应协议》，使该仲裁条款成为《修订协议》的一部分，符合香港《仲裁条例》中“书面形式”的要件，故该仲裁条款有效。本案为人民法院如何在认可和执行阶段依据香港法律审查仲裁条款的效力要件提供了指引。

【案号】福建省南平市中级人民法院（2018）闽 07 认港 1 号

案例五

积极查明和适用香港法律认定瑕疵仲裁协议效力

——柳某申请认可和执行香港仲裁裁决案

【基本案情】

柳某与龙某签订三份《借款协议》，就出借款项、期限、利息等进行约定，并约定："协议项下一切争议与纠纷若无法通过友好协商解决，应当提交香港国际经济贸易仲裁委员会，按照香港国际经济贸易仲裁委员会现行程序规则予以仲裁。"因龙某未按期还本付息，柳某向中国国际经济贸易仲裁委员会香港仲裁中心（以下简称贸仲香港仲裁中心）申请仲裁，贸仲香港仲裁中心作出裁决后，柳某向广东省深圳市中级人民法院申请认可和执行。龙某主张案涉裁决不应被认可和执行，主要理由为：仲裁条款约定的"香港国际经济贸易仲裁委员会"并不能指向唯一的仲裁机构，故该仲裁条款无效；龙某还提交了其委托香港大律师出具的法律意见书，认为该协议约定的仲裁机构不明确，应当按香港《仲裁条例》第十条及609C章规定，由香港国际仲裁中心对送达文件、委任仲裁员、仲裁员人数作出具体指示。广东省深圳市中级人民法院委托某法律查明和商事调解中心查明香港法律，由香港大律师出具法律意见书，认为香港法院案例表明仲裁协议瑕疵并非罕见，法庭应考虑并实现合约方的真实意向，指示合约方在最合适、最能反映双方意愿的仲裁庭进行仲裁。

【裁判结果】

广东省深圳市中级人民法院认为，案涉裁决在香港作出，应适用香港法律审查该仲裁条款的效力。案涉仲裁条款虽对仲裁机构的名称书写不准确，但当事人仲裁意愿清晰，依据香港法律该仲裁条款是有效的。该院通过分析两份香港法律意见书的分歧，最终采纳某法律查明和商事调解中心出具的法律意见书，即法院应选择最符合当事人从合同语言表达出的意图、更合理且更有效的解释。该院认为，从案涉仲裁条款的约定来看，虽然仲裁条款中约定的仲裁机构名称不准确，但当事人明显倾向于机构仲裁，且香港现有八家仲裁机构中仅有“中国国际经济贸易仲裁委员会香港仲裁中心”使用了“国际经济贸易仲裁委员会”作为专有名称，与仲裁条款约定的仲裁机构名称最为接近，故认定当事人选择贸仲香港仲裁中心作为仲裁机构，遂裁定予以认可和执行。

【典型意义】

当事人约定的仲裁机构名称不准确即瑕疵仲裁协议是否影响仲裁协议效力以及其后的仲裁程序，是仲裁司法审查实践中常见的问题。本案中，被申请人提交香港大律师法律意见书，主张仲裁机构名称不准确导致其后程序应当按照临时仲裁进行。法院在委托法律查明机构查明香港法律的基础上，根据“香港国际经济贸易仲裁委员会”所包含的主要特征“国际经济贸易仲裁委员会”，认定贸仲香港仲裁中心系当事人合意选择的仲裁机构，符合香港法院关于仲裁条款的解释规则，有效促进并实现了当事人进行机构仲裁的意愿。本案充分表明人民法院准确适用香港法律，保障当事人仲裁程序权利，并积极支持香港仲裁法治环境多元化发展的司法立场。

【案号】广东省深圳市中级人民法院（2022）粤03民初7444号

案例六

合理解释仲裁规则　认可和执行外国仲裁机构在港作出的裁决

——德国 SE 公司等申请认可和执行香港仲裁裁决案

【基本案情】

德国 SE 公司、德国 SA 公司、珠海某公司与 J 公司自 2013 年起存在业务往来。J 公司与德国 SE 公司以电子邮件交换并确定订单后，J 公司分别与德国 SA 公司、珠海某公司签署了两份采购协议，均约定发生纠纷提交国际商会国际仲裁院适用《国际商会仲裁规则》仲裁，仲裁地为香港。德国 SE 公司、德国 SA 公司、珠海某公司以 J 公司违约为由向国际商会国际仲裁院申请仲裁。国际商会国际仲裁院于 2020 年 9 月 4 日作出终局裁决：J 公司向珠海某公司支付货款 4962980 欧元及利润损失、损害赔偿、滞纳金、利息等。德国 SE 公司等于 2021 年 1 月 4 日向北京市第四中级人民法院申请认可和执行该裁决。J 公司主张案涉仲裁裁决不应被认可和执行，主要理由为：珠海某公司提出《程序时间表》晚于仲裁庭《第 1 号仲裁程序令》规定的时间，而该程序令是双方当事人的程序合意；首席仲裁员选任违反《国际商会仲裁规则》第十二条第五款规定，故构成仲裁程序与当事人协议不符的情形；案涉标的物电磁辐射超标，危害社会公共安全，执行该裁决将违反内地社会公共利益等。

【裁判结果】

北京市第四中级人民法院认为，国际商会国际仲裁院在香港作出的仲裁裁决，应认定为香港仲裁裁决。关于仲裁庭组成及仲裁程序是否与当事人协议不符的问题，由于 J 公司未能举证证明当事人对第三名仲裁员的任命约定了另一种程序，依据《国际商会仲裁规则》第十二条第五款和第十三条第二项的规定，担任首席仲裁员的第三名仲裁员由仲裁院任命，秘书长可以确认当事人提名的或根据他们之间协议提名的人选担任首席仲裁员。本案首席仲裁员经联席仲裁员联合提名，由仲裁院秘书长确认，该任命程序不违反《国际商会仲裁规则》的上述规定。《国际商会仲裁规则》第二十二条第二项规定：“为确保有效管理案件，仲裁庭经洽商当事人后，可采取其认为适当的程序措施，但该等措施不应违反当事人的任何约定。”对于当事人未能按照仲裁庭制定的程序计划提交文件的，仲裁庭可以决定是否接受。仲裁庭接受珠海某公司迟交的程序时间表未违反《国际商会仲裁规则》和当事人之间的协议。另外，案涉争议系平等民事主体间的合同争议，处理结果仅影响合同当事人，不涉及社会公共安全，案涉产品是否符合合同约定的检验标准等，亦非认定裁决危害社会公共安全的依据。综上所述，案涉裁决不存在《安排》第七条规定的情形，裁定予以认可和执行。

【典型意义】

本案的典型意义在于重申了对仲裁程序自治属性的尊重。仲裁规则一经当事人选择适用，则成为仲裁机构、仲裁庭、当事人在仲裁过程中应予遵守的程序规范，也是认可和执行阶段人民法院判断仲裁庭组成以及仲裁程序是否合法的主要依据。当事人违反仲裁程序令时，仲裁庭有权在仲裁规则的框架内作出判断，决定如何处理。本案还对国际商会国际仲裁院在香港作出的裁决属于香港裁决、裁决不违反内地社会公共利益等问题进行了逐一阐述，最后依据《安排》裁定认可和执行案涉裁决，有效保障香港仲裁裁决在内地的执行，对于香港提升亚太地区国际仲裁枢纽地位具有积极意义。

【案号】北京市第四中级人民法院（2021）京 04 认港 3 号

法答网精选答问

法答网精选答问（第十批）（节录）

问题3：外国航空承运人订立合同的营业地如何确定？

答疑意见：《蒙特利尔公约》第三十三条第一款规定："损害赔偿诉讼必须在一个当事国的领土内，由原告选择，向承运人住所地、主要营业地或者订立合同的营业地的法院，或者向目的地点的法院提起。"其中，"承运人订立合同的营业地"如何确定，宜按照以下思路处理。

其一，根据《外国航空运输企业常驻代表机构审批管理办法》设立的代表机构可以认定为该航空运输企业的营业地。通过该代表机构购票（办理货物托运）的，该代表机构所在地可以认定为承运人订立合同的营业地。

其二，通过销售代理企业购票的情况下，销售代理企业的营业地能否认定为承运人订立合同的营业地，需要根据个案进行分析。满足下列条件之一的，可以综合考量是否将销售代理企业所在地认定为承运人订立合同的营业地：一是销售代理企业与承运人签订永久性或者长期协议，并具备持续稳定的代理关系；二是销售代理企业与航空公司之间的代理关系被本行业及第三方认可；三是其他可以证明销售代理企业属于航空公司销售组织机构一部分的情况。

咨询人：李冬梅/北京市高级人民法院民二庭

答疑专家：杨蕾/最高人民法院民四庭

问题4：民事诉讼法中“其他组织”与民法典中“非法人组织”是否同一概念？“非法人组织”是否具备诉讼主体资格？

答疑意见：民法典中的“非法人组织”和民事诉讼法中的“其他组织”是基于不同规范目的而作出的规定。“非法人组织”所要解决的是民事主体资格问题，即某个组织能否以自己的名义从事民事活动、承担民事责任；而“其他组织”主要解决民事诉讼主体资格问题，即某个组织能否以自己名义参与到诉讼活动中。二者并非同一概念。根据民法典第一百零二条第一款关于“非法人组织是不具有法人资格，但是能够依法以自己的名义从事民事活动的组织”的规定，非法人组织能够以自己名义从事民事活动，如果因此与其他民事主体发生民事纠纷，可以自己名义参与到民事诉讼活动中，作为民事诉讼当事人，具备诉讼主体资格，由此就落入了“其他组织”的范围。

从范围上看，民事诉讼法中的“其他组织”是一个更广泛的概念，除“非法人组织”外，“其他组织”还可包括其他类型的主体，如法人分支机构、业主委员会等。以业主委员会为例，其不符合民法典第一百零二条至第一百零八条所规定的非法人组织的特征。但根据民法典第二百八十条第二款的规定，业主大会或者业主委员会作出的决定侵害业主合法权益的，受侵害的业主可以请求人民法院予以撤销。据此，在业主撤销权纠纷中，业主大会或者业主委员会可以作为民事诉讼当事人参与到诉讼活动中，具备诉讼主体资格。也就是说，业主委员会虽不是民法典所规定的“非法人组织”，但属于民事诉讼法上规定的“其他组织”。

需要注意的是，并非除“自然人、法人”之外的任何组织都可认定为“其他组织”。《最高人民法院关于适用〈中华人民共和国民事诉讼法〉的解释》第五十二条对于“其他组织”的定义和范围作了明确规定，并列举了相应情形。“其他组织”首先应当是依照法律规定的程序和条件成立，法律上予以认可的组织，同时应当具备一定的组织机构和财产。如果未经依法成立，则不具有“其他组织”的资格，不属于民事诉讼当事人。例如，没有依法领取营业执照的法人分支机构，不能认定为“其他组织”，在诉讼中，应以设立该分支机构的法人为当事人。

咨询人：颜侦/山东省高级人民法院民二庭

答疑专家：张音/最高人民法院研究室民事处

新类型疑难案例选评

颜某诉腾某公司名誉权纠纷案

王世耀　孙　政*　刘思彤**

【裁判要旨】

网络服务提供者为履行保障网络安全和提供健康有序网络环境的职责，通过自身制定的风险判断规则，在合理判断用户账号可能存在网络诈骗等违法犯罪的情况下，出于保护其他用户个人隐私和财产安全的社会公共利益目的，对用户账号采取的风险提醒等处置措施符合互联网技术的客观中立性特征。因网络服务提供者主观上不具有过错，平台用户主张网络服务提供者承担侵权责任的，人民法院不予支持。

【案例索引】

一审：江苏省南京市鼓楼区人民法院（2021）苏 0106 民初 7525 号（2021 年 12 月 4 日）

二审：江苏省南京市中级人民法院（2022）苏 01 民终 1133 号（2022 年 11 月 7 日）

* 作者单位：江苏省南京市中级人民法院。
** 作者单位：南京工业大学法政学院。

【基本案情】

原告：颜某。

被告：腾某公司。

原告颜某诉称：腾某公司于2021年5月25日擅自发布原告的微信账号“存在多次疑似网络诈骗的行为，对方发出的二维码或链接可能存在虚假内容或不良信息”等风险提示信息，该信息已经微信群传播。上述侵权行为严重损害了原告名誉，故请求判决：（1）腾某公司在判决生效后三十日内在《南京日报》刊登不少于200字的致歉声明；（2）腾某公司赔偿原告精神损害抚慰金1万元。

被告腾某公司辩称：（1）作为网络服务提供者无意侵害任何网络用户名誉等权利，设置相关安全策略是为了更好地保护网络用户的使用安全，为用户提供优质高效的服务，并不存在过错；（2）相关风险提示行为是合同行为，并非侵害行为；（3）风险提示针对的是账号本身，无任何贬损含义或侮辱、诽谤含义，不具有人格评价功能；（4）没有证据证明原告名誉权系因被告行为而受损。综上所述，请求驳回原告的诉讼请求。

法院审理查明：2021年5月25日，颜某在某微信群中发送了一个名为“要求各地关停比特币探矿项目”的链接，链接显示来源于百度网站。打开链接，有一篇题目为《整治虚拟货币炒作乱象刻不容缓》的文章。该文章主要介绍了买卖、使用比特币等虚拟货币存在的风险、危害及相关整治行动。微信群网友（网名为“末类”）点开该篇文章后，弹出一条风险提示信息，该信息页面中间显示颜某微信账号的头像和账号名“看世界的繁华”，下方显示内容：“此账号存在以下安全风险：存在多次疑似网络诈骗的行为，对方发出的二维码或链接可能存在虚假内容或不良信息，请注意核实对方身份，保护个人隐私和财产安全……”网友“末类”将该风险提示信息截屏后发送至微信群内。

颜某的微信账号注册时间为 2019 年 1 月 16 日，因发布色情图片及言论等原因被投诉 14 次。

【裁判结果】

一审法院审理认为：腾某公司发送信息提醒颜某的微信账号存在多次疑似网络诈骗的行为，是对该账号用户的负面评价。该负面评价已被部分微信群友知晓并在微信群内传播讨论，必然会在该微信群范围内造成颜某社会评价的降低，导致名誉权受损。但该信息仅在微信群范围内传播，且腾某公司已及时删除，故侵权行为造成的损害后果较小。据此，一审法院于 2021 年 12 月 4 日作出（2021）苏 0106 民初 7525 号民事判决：腾某公司于判决生效之日起十日内就其发送风险提示信息的行为向颜某赔礼道歉（道歉采用口头或书面方式）；驳回颜某的其他诉讼请求。

宣判后，腾某公司提出上诉。二审法院审理认为，行为人构成侵害他人名誉权，应当符合四个要件，即存在违法行为、受害人名誉权受损、违法行为与损害后果存在因果关系、行为人主观上有过错。

首先，从颜某的微信账号公证内容来看，该微信账号存在一定异样且转发文章显示“比特币”这一与货币金钱相关的敏感词汇，腾某公司根据公司内部制定的打击危害网络安全策略和诈骗反制技术，在存在网络诈骗可能性的情况下，通过技术措施弹出风险提醒系出于保护其他用户个人隐私和财产安全的社会公共利益考量，该风险提醒不影响该微信账号正常登录及使用，未超出必要限度，亦是现行法律框架下的平台治理手段。腾某公司在没有不正当目的且有一定依据的情况下，对点击链接文章的其他微信用户进行风险提醒不构成违法行为。

其次，虽然案涉微信群中成员数量众多，但腾某公司并未不加选择地对所有群成员发送风险提醒，而是仅对点击链接文章的特定用户进行提醒，且该提醒内容含“疑似”“可能”字样，相关行为符合互联网技术的客观中立性特征，不具有感情色彩，并非对颜某进行法律定性。现有证据不足以证明该风险提醒造成颜某社会评价降低而导致其名誉权受损。

最后，该风险提醒并非针对颜某而专门设置，亦非微信平台管理团队人为发出，而是案涉微信账号叠加了各种风险因素后，在该转发文章内容涉及货币等词汇的特定背景下自动触发了腾某公司后台系统的风险提醒功能而发出。在该微信账号恢复正常使用后，腾某公司亦未继续对该账号采取风险提醒措施，并不存在故意对颜某人格侮辱或贬低的主观过错。

据此，腾某公司进行风险提醒的管理行为不符合名誉侵权责任构成要件，故一审法院认定腾某公司对颜某微信账号进行风险提醒构成名誉侵权存在不当，二审法院于 2022 年 11 月 7 日作出（2022）苏 01 民终 1133 号民事判决：（1）撤销江苏省南京市鼓楼区人民法院（2021）苏 0106 民初 7525 号民事判决；（2）驳回颜某的诉讼请求。

[评析]

网络平台风险提示等处置措施是否构成侵权的判断

随着互联网技术发展与应用更加深入社会生活，公民利用网络实施的违法犯罪行为日益成为社会突出问题。网络服务提供者创建的互联网平台居于网络违法犯罪防范治理第一线，法律赋予并开始强化其对网络用户监管的主体责任，要求其根据风险情况，对相关网络账号采取风险提醒、限期改正、限制功能、暂停使用、关闭账号、禁止重新注册等处置措施。在此背景下，互联网平台通过自身制定的技术手段强化对高危风险账户的检测和预防功能，积极履行平台管理责任。但基于互联网技术特点和现有行业发展水平，以及网络用户账号使用方式的多样化，平台系统在无差别的风险判断过程中不可避免地产生系统误判，此时会有网络用户以自身民事权益受损为由主张互联网平台承担相应民事侵权责任。在学术界及司法实践中，对于网络服务提供者因误判造成网络用户权益受损是否构成侵权，具有较大争议，成为司法实践中亟待解决的问题。本案裁判从网络服务提供者平台管理与用户权利保障之间的利益平衡出发，充分发挥司法在网络社会治理中的指引作用，对此类新类型案件作出相应的有益探索。

一、技术支持：网络服务提供者的平台管理责任

互联网平台是数字经济的基础设施，是数字经济和实体经济融合发展的关键环节，是各类数字经济活动的组织者、协调者。根据涉及领域的不同，可将其划分为网络交易平台、网络社交平台、搜索引擎平台、网络接入与服务平台、数据存储与处理平台等类型。互联网平台顺应技术进步和共享经济潮流，既让公众享受到了互联网发展带来的红利，也给社会治理带来严峻挑战。充斥在网络空间的各种谣言或诈骗等不良信息严重危害到公众人身财产安全，而互联网平台凭借技术优势和服务能力已成为互联网治理中不可或缺的重要角色。

网络服务提供者承担何种限度的审查管理义务直接影响公众言论权利、互联网发展环境，而且对社会风气、文化道德等方面都会产生影响。对网络服务提供者课以严格的审查管理义务，可以将涉嫌侵权的信息在发布前就先予筛除，最大限度防止网络侵权行为发生，但确有侵犯公众言论权利、阻塞言路之嫌，并在一定程度上阻碍互联网发展；较为宽容的态度虽然可保障言论权利、促进网络繁荣，却可能导致网络道德环境恶劣，社会风气污染。①

① 参见冯慧：《网络服务者对网络用户行为的事后审查义务》，载《人民司法（案例）》2013年第12期。

目前，我国诸多法律文件规定了网络服务提供者要履行平台监管义务，控制网络违法犯罪行为的发生及蔓延。例如，网络安全法第十条对网络平台治理责任作出了原则性规定，第四十七条进一步详细规定应采取的监管措施。自2022年12月1日起正式施行的反电信网络诈骗法第二十二条规定了网络服务提供者应当利用技术手段等检测识别涉诈异常账号，根据监测识别的结果采取相应处置措施，即互联网服务提供者对监测识别的涉诈异常账号应当重新核验，根据国家有关规定采取限制功能、暂停服务等处置措施。① 另外，还有一些其他法律法规规定了网络服务提供者应履行平台治理责任，强调进一步发挥平台自主探索治理措施的积极性与创造性。例如，《互联网用户账号信息管理规定》第十七条规定："互联网信息服务提供者发现互联网用户注册、使用账号信息违反法律、行政法规和本规定，应当依法依约采取警示提醒、限期改正、限制账号功能、暂停使用、关闭账号、禁止重新注册等处置措施……"

随着信息网络科技快速发展，近年来，对电信网络诈骗、恶意营销、不良信息传播等的治理技术对抗性日益加大：新技术运用使得溯源查处难度增大，如行为人通过呼叫转换设备GOIP、改号软件VOIP等可远程拨打电话、收发信息，通信联络手段更隐蔽、违法犯罪行为更难被发现；新型电信网络诈骗技术等的迷惑性和精准度显著增强。因此，国家强调支持电信业务经营者、互联网服务提供者等研究开发电信网络诈骗技术反制措施，包括利用机器学习、数据挖掘等技术开展涉诈信息关联分析，推动涵盖虚拟拨号识别、诈骗电话（信息）拦截与预警、钓鱼网页和仿冒App下载链接的研判、涉诈账户关联挖掘与拦截等关键技术的研发，② 不断提升监测识别、动态封堵和及时处置能力。

实际上，从当前的治理方式来看，技术手段的支持不可缺失。对于

① 参见刘靖晟主编：《反电信网络诈骗法查学用指引》，中国法制出版社2022年版，第135页。

② 参见刘靖晟主编：《反电信网络诈骗法查学用指引》，中国法制出版社2022年版，第187页。

海量信息，要进行技术甄别和判断，判断之后迅速处置，使网络用户实施的违法犯罪行为消灭在萌芽状态。就本案而言，腾某公司作为网络服务提供者，同样应加强涉诈风险安全评估，通过建立反网络诈骗内部控制机制和安全责任制度，不断提升识别、监测、预警甚至处置技术水平，积极履行网络平台管理责任。

二、容忍义务：网络平台使用者的权利义务及其边界

网络空间实态中，网络服务提供者为用户提供通路以使用户与网络连接，用户在网络平台注册网络账号后成为网络用户，双方之间形成网络服务法律关系。在这种法律关系下，网络服务提供者更多处于组织管理者的法律地位，网络用户作为网络服务接受一方，既享有一定的权利，又要承担相应的义务，以维护国家网络安全和保障网络健康发展。

具体而言，网络用户享有言论上的权利，有权利在互联网上基于个人意愿发表自己的意见和观点；网络用户享有隐私权，网络服务提供者不得泄露、出售网络用户的个人信息等隐私；网络用户享有知识产权保护权，对其创作的原创作品享有著作权保护；网络用户享有信息获取权，有权利获取多元化、全面的合法信息。网络服务提供者应充分保障网络用户的合法权益，在履行管理职责过程中禁止侵害用户的正当权益。

良好的网络环境有助于网络用户更好地行使权利，而这样一个良好网络环境的维系也当然离不开每一位网络用户的支持，即在行使权利的同时应履行必要的义务。就此而言，网络用户应当遵守国家法律法规和互联网行业的规定，不得发布、传播违法、有害、淫秽、暴力等不良信息，不得从事违法犯罪活动，这当然也是权利与义务相统一原则的体现。除此之外，网络用户还应当尊重他人的言论自由权、隐私权、知识产权等合法权益，不得利用网络平台侵犯他人权益。虽然网络平台对当下广泛存在的微信群成员数量有一定限制，但由于其成员来源的广泛性

以及信息传播的便利性、指数增长性，无疑属于网络平台的重要领域，也是网络用户应注意并遵守义务的当然场域。被最高人民法院作为典型案例发布的“淮安市人民检察院诉曾某侵害烈士名誉权公益诉讼案”即对此作了明确阐释，即“被告曾某利用微信群，发表带有侮辱性质的不实言论，歪曲烈士谢勇英勇牺牲的事实。因该微信群成员较多且易于传播，被告的此种行为对谢勇烈士不畏艰难、不惧牺牲、无私奉献的精神造成了负面影响，已经超出了言论自由的范畴，构成了对谢勇烈士名誉的侵害……”。①

而在本案中，颜某作为网络用户，在享受到网络平台带来的利益同时，亦应遵守法律法规，接受网络平台的监管，对腾某公司为实现国家网络安全和保障网络用户财产安全而对其账号采取的相关处置措施负有一定容忍义务。

三、侵权判断：网络服务提供者侵权责任的认定标准

民法典第一千一百六十五条规定，行为人因过错侵害他人民事权益造成损害的，应当承担侵权责任。第一千一百九十四条规定，网络用户、网络服务提供者利用网络侵害他人民事权益的，应当承担侵权责任。因此，网络服务提供者实施处置措施的行为存在过错的，网络用户有权要求网络平台承担相应的过错责任，要求停止侵权、消除影响、赔礼道歉、赔偿损失等。针对网络平台系统实施误判造成用户权益受损，网络服务提供者应否承担责任的问题，主要有两种观点。一种观点认为，网络服务提供者应注重对网络用户权益的保障，应尽到相当之注意义务，不能仅根据平台内部制定的风险判断技术规则，而必须有充分事实依据才能对用户账号采取处置措施，否则网络服务提供者即具有一定

① 参见最高人民法院发布的《人民法院大力弘扬社会主义核心价值观十大典型民事案例（第一批）》案例二。

过失，应承担相应侵权责任。另一种观点认为，网络服务提供者通过自身制定的风险判断规则，在合理判断用户账号存在网络违法犯罪可能性的情况下，对用户账号采取的处置措施符合互联网技术的客观中立性特征，主观上不具有过错，网络服务提供者无须承担侵权责任。

笔者认为，网络服务提供者是否构成侵权行为不能以结果论，而应紧紧围绕侵权行为构成要件，即违法行为、损害事实、因果关系和过错进行分析判断。

（一）违法行为

违法行为即违反法律规范的行为。在网络平台系统产生误判损害网络用户合法权益时，首先应审查网络服务提供者通过技术手段采取的平台风险防控措施是否为防范网络违法犯罪行为以及履行法律要求的监管义务和实现公共利益，网络平台系统实施的技术风险防控行为是否具有正当性是网络服务提供者是否构成侵权的重要判断标准。如果网络平台采取的风险防控措施并非出于预防网络违法犯罪的公共利益目的，而是出于窃取用户个人信息、监控用户言论自由等不正当目的，则网络服务提供者实施的所谓监管行为已具备违法性特征。对此，网络服务提供者需要举证证明其系按照法律法规的要求，对网络用户行为进行监管，依法履行平台主体责任。具体到本案而言，在社会生活实态中，违法人员使用微信实施网络诈骗犯罪较为常见，腾某公司根据公司内部制定的打击危害网络安全策略和诈骗反制技术，通过合理判断，认为存在网络诈骗可能性的情况下，通过技术措施弹出风险提醒系出于保护其他用户个人隐私和财产安全的社会公共利益考量，该风险提醒不影响涉案微信账号正常登录及使用，未超出必要限度，亦是现行法律框架下的平台治理手段，有利于反电信网络诈骗的互联网治理。因此，腾某公司在没有不正当目的且有一定依据的情况下，对点击链接文章的其他微信用户进行风险提醒不构成违法行为。

（二）损害事实

损害事实是侵权行为构成要件的重要组成部分，一般包括损害物质性权利和损害精神性权利。因为网络空间的特殊性，网络用户主张的损害事实一般是精神损害事实，即侵害自然人肖像权和人身自由权等精神性人格权以及身份权等造成的精神痛苦或者精神利益损害事实。在司法实践中，网络用户需要举证证明其客观上存在相关损害事实，并非主观认识的损害事实。如果仅是网络用户的某方面权利受限，并不能当然推断出网络用户的民事权益受损。具体到本案而言，颜某主张其名誉权受损，腾某公司并未不加选择地对所有群成员发送风险提醒，而是仅对点击链接文章的特定用户进行提醒，且该提醒内容含“疑似”“可能”字样，相关行为符合互联网技术的客观中立性特征，不具有感情色彩，并非对颜某进行法律定性，现有证据不足以证明该风险提醒造成颜某社会评价降低而导致名誉权受损。

（三）过错

过错指的是违法行为人对自己的行为及其后果所具有的主观心理状态。过错体现在行为人的行为之中，但不是行为本身，而是行为人决定其行为的心理状态。在网络平台出现误判的情形下，网络服务提供者是否具有过错要看其是否尽到了相应的审查注意义务，其在实施的风险防控行为过程中是否滥用技术措施侵害网络用户合法权益，还要审查其是否采取了预防侵权的合理措施。网络服务提供者作为风险防控技术的开发者，该技术措施在发挥风险防控作用时是否存在不合理歧视，以及针对同类情形是否出现不同判断均会影响网络服务提供者的过错判断。在司法实践中，“大数据杀熟”“算法歧视”“操纵榜单”等均是对技术措施的滥用，网络平台误判的出现应视为网络服务提供者未尽到相应审慎注意义务。具体到本案而言，腾某公司实施的风险提醒并非针对颜某而专门设置，亦非微信平台管理团队人为发出，而是颜某微信账号叠加了各种风险因素后，自动触发了腾某公司后台的风险提醒功能而发出。颜某在发现风险提醒与腾某公司交涉后，腾某公司亦及时解除该风险提醒措施，腾某公司已经充分考虑到疑似违规用户的权利保障和其他用户安全保护方面的利益平衡。因此，腾某公司并不存在故意对颜某人格侮辱贬低的主观过错。

综上所述，本案裁判有助于数字经济时代，在疑似违规用户的权利保障和其他用户安全保护之间保持利益平衡。网络信息时代，网络用户自愿使用相关软件并享受该软件带来的生活便利，同时应履行相应的义务，也当然负有一定的对使用软件过程中可能存在的网络服务提供者善意提醒的容忍责任。此外，近年来，国家重点治理网络电信诈骗行为。本案判决充分考虑互联网时代国家治理的现实需要和腾某公司对履行好企业责任尤其互联网大型企业责任的由衷期许，通过合理裁判做好利益平衡，切实保障国家信息安全和互联网生态的健康良性发展，打造风清气正的网络环境。

最新法律文件解读丛书

稿　　约

最新法律文件解读丛书是一套以为最新法律规范提供同步“解读”为主的系列丛书，分为刑事、民事、商事、行政与执行4个分册，按月出版。

本丛书以“解读”为重点，突出全、专、新、快、准等特点，通过对最新出台的法律、法规、司法解释、部门规章以及重要地方性法规进行同步动态解读，弥补了法律、法规、司法解释汇编类出版物没有同步阐释、解读内容的不足，为广大读者学习理解最新法律规范，正确贯彻执行法律文件，及时解决实践中的新情况、新问题，提供一个全方位、多层面的法律信息平台。

欢迎您向以下栏目赐稿：

【最新法律文件解读】主要是对最新颁行的法律文件进行解读，帮助司法和执法人员正确理解法律文件的立法背景、意义、重点内容、在适用中应注意的问题、与相关法律文件的衔接与互动关系等。

【司法实务问题研究】主要刊登对司法理论、实务及司法管理工作中的热点、疑难问题进行研究及评论的文章。

【新类型疑难案例选评】主要是对司法和行政执法实践中具有典型性和代表性的疑难案例，结合具体案情以及审理或处理结果进行简练精辟的点评，解析认识问题的方法、处理问题的法律依据和在个案中的具体适用。

【法学前沿与新视点】以摘要的形式刊登相关法学理论研究的最新动态及具有代表性和典型性的前沿问题，扩展法学研究的深度和广度。

【法律适用问题解答】主要针对司法和行政执法实践中面临的新问题、热点问题、疑难问题进行简要的解答，指出涉及的法律关系，明确法律适用依据。

稿件一经刊用即付稿酬，稿酬从优。

《刑事法律文件解读》　　周　敏　邮箱：xingshijiedu@163.com

《民事法律文件解读》　　杨　洁　邮箱：1216921515@qq.com

《商事法律文件解读》　　路建华　邮箱：shangshijiedu@126.com

《行政与执行法律文件解读》　丁塞峨　邮箱：1290312696@qq.com

人民法院出版社

最新法律文件解读丛书编辑部